小琉球的風土人文與語文教學

Local Custom and Literal Education

蔡秀芳／著

自序

　　會有這樣的念頭寫這本書，我想應該是這份屬於琉球人的地方認同吧！身為一個琉球人，看著它從我小時候的淳樸，逐漸受到經濟和交通影響開始發展觀光，到現在民宿林立，每逢假日一房難求的繁榮，心中實在百感交集。一來高興家鄉的榮景，這的確改善了大多數人的經濟情況；二來也令我不禁開始擔心琉球的自然景觀生態的維護。眼看它為了發展觀光開闢了新的港口，可它付出的代價就是犧牲了長達　　兩百公尺的白沙灘；為了增加遊憩的景點，開闢了長達數百公尺的生態步道，在帶來觀光的效益之前，已經先帶來了生態的破壞，眼下這樣的情景，實在令我這個琉球人大為感嘆。

　　我本身是個服務在自己家鄉的國小老師，這些年來我一直思考一個問題，我們的國小教育能不能應用在保護自己的家鄉或是介紹自己的家鄉？會有這樣的疑問是因為每次我去外地，舉凡出差、唸書或是開會，只要當我自我介紹說：「我是琉球人。」就一定會有人問我說：「琉球哪裡好玩？」這個問題往往讓我不知如何開口。我想連我這個國小老師、又是個道道地地的琉球人都不知道怎麼開口了，那我所教學的那群孩子們又會如何介紹他們的故鄉呢？因此我試著把我的語文科教學結合了琉球的風土人文，希望可以在孩子身上看到我所期盼的成果，所幸皇天不負苦心人，不然今天我就不敢寫這本書了。

　　這本書的完成，首先要感謝的是我的授業恩師──周慶華教授，如果不是他的鼓勵與指導，我也不會有勇氣來完成這個我想都沒想過的研究。再來要感謝我的外子，由於我在離島教書，交通上處處受限，因此在資料的取得上不如臺灣本島來的便捷，加上外子兩年前尚在花蓮任教，為了我的書多次利用星期五下午下班從花蓮搭車北上國家圖書館找尋資料，然後星期六晚上搭車從臺北回高雄，把資料交給從琉球前往高雄家等待的我，星期天下午再從高雄搭車回花蓮準備上班；原本以為去年從花蓮調回高雄縣之後這通勤的辛勞可以稍微降低，豈料因為外子的學校剛好就是今年八八風災的重災區──那瑪夏鄉，每週的通勤比起當年在花蓮任教的距離雖不如亦不遠矣，外子在這兩年來回國家圖書館與小琉球之間，為我帶回許多我所需要的參考論文與期刊，這通勤的苦，我就用這本豐厚的著作當作最大的回報吧！

　　最後我要感謝我服務的學校，同時也是我的母校──屏東縣琉球鄉白沙國小，給我這們一群可愛的孩子，讓我在教學活動的執行上可以如此順利，而孩子們在教學活動過程中的成長與回饋，除了帶來豐盛的教學檔案資料，也為我帶來了許多的歡笑，讓我在絞盡腦汁撰寫這本書之餘，想起了我的孩子們課堂上的表現，嘴角會不自主的上揚，適時的放鬆我緊繃的心情。

　　完成的這本著作，最後我想獻給我摯愛的雙親，在雙親眼中一向無所求的我，因為外子的鼓勵支持，而誤打誤撞的完成學業，我想不僅是我的雙親，連我週遭的親朋好友也始料未及的吧！

蔡秀芳
2009/8/14 寫於臺東

目　次

表目次

圖目次

第一章

緒論

第一節　研究動機與目的

> 巴里島的慵懶閒適；關島的碧海藍天；帛琉球的燦爛海域，
> 讓人想買張單程票一去不回頭。其實，這樣的度假天堂就在
> 咫尺，蛻變中的小琉球令人著迷……買張船票乘風破浪，踏
> 上這片全臺唯一的珊瑚礁島嶼。

　　這段讀來令人心動的旅遊文宣，是來自屏東縣政府發行的刊物
《幸福屏東》2008 年的夏季號第 21 頁到 24 頁的屏東藏寶圖單元。
本期介紹的主角是位於臺灣西南部的離島──小琉球（隸屬屏東
縣），內容從觀光景點、自然生態，到人文信仰、美食特產、交通
住宿等旅遊資訊都有簡單扼要的說明。特別留意這項報導的我，不
是以一個觀光客的角度閱讀，也並非有相關旅遊的計畫，而是我就
住在這座臺灣沿海唯一的珊瑚礁島上，「海上明珠──小琉球」正
是我的家鄉。

　　遠離塵囂，海天孤懸的小琉球，其豐富的生態資源與自然景
觀，在近年來生態旅遊風氣興盛的帶動之下，以及畫入大鵬灣國家
風景區管理的範圍後，觀光人潮日多。關於小琉球的介紹，偶而會
出現在報章雜誌的旅遊資訊上，或是在記錄臺灣風土民情的電視節

目播出。每每看到關於家鄉的訊息，點點滴滴，總是讓生於斯、長於斯的我備覺親切。記得有一次搭計程車，車上正播放著一首曲風充滿拉丁味的臺語歌，一聽之下，歌詞竟深深的撼動著我：

〈情定小琉球〉

作詞：武雄　作曲：施文彬

海面陣陣吹來風微微　正是南臺灣的好天氣
享受別位看袂著的白雲天　連歌聲嘛有海的氣味
美妙的風光置四周圍　島嶼的中央有碧雲寺
海上的明珠為咱來唸歌詩　情定小琉球迷人景致
心愛的人陪我伴我來去　這有最浪漫的暗暝
一年四季熱情攏免費　有上青　有上青的海水
美麗的小琉球海上假期　心情像快樂的魚
難忘的小琉球情意綿綿　有情人雙雙對對
美麗的小琉球海上假期　快樂像滿天的星
難忘的小琉球人人甲意　這的名產是人情味

（臺灣咁仔店，2009）

　　這首歌詞歌頌的正是我的故鄉小琉球美麗天然的海洋風光、親切的人情味，也點出了島上的信仰中心——碧雲寺，鼓勵遊客能到訪，來一段浪漫的海上假期。怎麼會有這樣的一首歌？當時在車上的我，掩不住內心的激動，雖然只是短短幾句歌詞，寫不上琉球風情的十分之一，並且宣傳觀光的意味濃厚，但當下身為琉球人的自豪不禁油然而生，得意之情寫在臉上。後來回家後把這首歌找出來放給父親聽，父親說那首歌是歌手施文彬 2006 年應邀來小琉球參

加鄉公所與大鵬灣規畫的運動嘉年華活動，親口答應鄉長洪義詳邀約所作，專屬小琉球的歌曲；而且 2007 年的小琉球的海洋牧民產業活動暨運動嘉年華活動，就以「情定小琉球」為主題，施文彬也再次到小琉球演唱，用動人的旋律來歌頌小琉球的美。

對於家鄉的一種認同與歸屬感，所以關於家鄉的人事物描繪，特別容易觸動心絃。也正因如此，幾年前代課抵實習完畢從屏東師院畢業後，我又回到島上，在自己的母校——白沙國小任教至今。近年來學校結合地方、社區特色規畫「走讀庄頭」戶外教學活動，並編輯鄉土教材，推展以海洋教育為主題的本位課程，顯見對家鄉文化傳承的重視。而我不只是一個在地人，在教育現場教導自己家鄉的子弟有著更深的責任感。這兩年擔任六年級綜合領域課程科任，我曾規畫一項「文化體驗活動」主題教學，希望讓學生透過小琉球地方特色主題探訪與體驗，了解自己的家鄉文化。後來請學生將他們分組探訪的結果製作成小書，呈現他們體驗的內容。我告訴孩子們，他們是這個活動的主人，由他們決定自己想探訪的主題，自己去訂定探訪的計畫，拍照、查詢資料，我則從旁給予協助或指導。有的小組完成了他們的「小琉球生態大冒險」，介紹琉球自然生態；有的小組製作「小琉球寺廟巡禮」，簡介小琉球的廟宇及著名的王船祭典；還有「小琉球一日遊」、「小琉球寫真」、「戀戀琉球嶼」等，著墨最多的就是小琉球特殊的珊瑚礁地形景觀所形成的觀光景點。從孩子們在完成作品的過程，我深深的感受到他們對研究主題的熱情投入，因為題材貼近他們生活經驗，他們樂意去探索、理解與分享。以家鄉為主題的教學經驗，也許當時規畫有許多不足之處，但現在回想，仍覺得是一段我、孩子們與家鄉邂逅的美好經歷。

記得去年暑假為了到臺東進修，大清早從小琉球搭船到東港，再轉乘客運到枋寮火車站準備搭火車，走進枋寮火車站大廳中，我的視線就停留在一塊掛在牆上的鋼版上，上頭刻了一首很有名的詩，余光中的〈車過枋寮〉：

> 雨落在屏東的甘蔗田裡
>
> 甜甜的甘蔗甜甜的雨
>
> 肥肥的甘蔗肥肥的田
>
> 雨落在屏東肥肥的田裡
>
> 從此地到山麓
>
> ……
>
> 雨落在屏東肥肥的田裡
>
> 雨是一首溼溼的牧歌
>
> 路是一把瘦瘦的牧笛
>
> 吹十里五里的阡阡陌陌
>
> ……
>
> 正說屏東是最甜的縣
>
> 屏東是方糖砌成的城
>
> 忽然一個右轉，最鹹最鹹
>
> 劈面撲過來
>
> 那海

我一邊輕聲讀著這首輕快的詩，一邊想像著屏東、枋寮昔日的田園景象，在枋寮車站讀到一首關於枋寮的詩，盛產水果的田野，加上遼闊無邊的海洋……原來地方的特色用文學的語言來描繪是

那麼的動人！關於我的家鄉小琉球，也可以用文學的語言來記錄嗎？當下我心裡便響起了這樣的聲音。

　　再仔細想想，自己以前為了編輯鄉土教材所找過的資料，多半以生態解說或人文歷史記錄的角度寫成，像我們學校曾參與由文化總會策畫，各縣市教育局與文化局合作的「走讀臺灣」的教材編輯計畫，我和學校幾位同事負責的部分就是將小琉球的在地鄉土內容，分別針對低、中、高年級及國中不同階段，各編訂成不同層次的概括性通則，收錄於 2008 年 4 月文化總會出版《屏東縣鄉土DNA——人文歷史、休閒景觀》書中。小琉球的教材資料內容被歸類在休閒景觀的項目中，我們依地理環境、歷史與社會發展、生態與景觀、環境與保存、生活與文化五個通則去編寫教材內容，我編訂的部分是地理環境，敘述著重在地形景觀、海洋動植物生態等知識性的解說。如果就內容來從事鄉土教學，應該很容易和自然領域課程產生聯結吧！而在枋寮車站遇見一首詩，讓我有了不同的思索，在教導孩子接觸家鄉的人事物時，除了強調知識性的生態教學，是否也能以語文的角度切入，讓小琉球的風土人文更具有文學性？

　　這個想法在我發現《閱讀文學地景》這套書之後，更加的肯定想付諸行動。這套書由文建會策畫，聯合文學出版，共分成三大卷：新詩、散文、小說。將文學與地方特色結合，蒐集各地作家以他們家鄉山川地理、風土人文為背景的創作，劉克襄在評選委員推薦序〈打開地誌文學的窗口〉中提到：

> 過往，我們甚少從地誌文學的角度，暢談臺灣的地理風景，這套選集編選了眾多當代作家，描述城市鄉鎮和山川海洋的精采文章，同時邀集諸多作家、學者進行評介，希望透過文

學風景的導覽介紹，讓我們從人文的界面，開啟另一個新風
貌的臺灣認識，也豐富我在臺灣的生活視野。

（行政院文化建設委員會，2008）

可惜這套書並沒有以小琉球特殊的風土人文為題材的創作。後來我
在屏東縣作家作品集中找到黃慶祥寫的兩本書：《小琉球手記
1970》、《琉球行吟》。前者以散文寫作，後者則是詩集，內容都是
作者在小琉球的生活記憶及以風土人文為題。例如《琉球行吟》中
收錄的〈花瓶石〉，就是以詩的語言寫出琉球的地標花瓶石：

〈花瓶石〉

屹立在琉球的門口
有如倚閭而望的母親
第一個向返鄉的遊子招手
最後一個給離鄉的遊子相送
佇立於千萬年的風雨中
昂然的身軀已然蝕骨消瘦
……

（黃慶祥，2006：74-75）

比起知識性的解說：「花瓶石為一珊瑚礁岩，因承受海水的沖蝕而
狀似花瓶，頂部奇花異草叢生，位於白沙碼頭附近，是小琉球的地標。」
（這我自擬的）文學作品更提供了新的欣賞視野，深化了情感共鳴。
用文學來表現自己家鄉的風土人文，其所展現出來的觀察張力
與對人事時地物的敏銳性並非傳統的教學所能達成，它必須源自於

對鄉土的一份認同感與使命感，進而去創造出綺麗絢爛的文學或美學作品，這是我進行本研究的最終目標。以家鄉特殊的風土人文為題材的課程，如自然生態、宗教信仰，不一定只和自然或社會課程作結合，或者只獨立於鄉土教學裡頭，它們也能和語文活動結合，透過語文教學活動，讓學生認識自己的家鄉文化，並以家鄉文化為題材從事創作。為了達到這個目標，在課堂上給孩子們漸進式的語文引導，從生活上的舊經驗延伸到生活環境周遭的變化，進而去宏觀小琉球的過去、現在和未來，加深他們對小琉球的鄉土認同，並引領他們在作文上或是詩詞上進行創作，慢慢累積創作能力，以期能達到以文學發揚小琉球的目標。

第二節　研究問題與方法

　　本研究第二章文獻探討部分將採用現象主義的方法來研究。現象主義的方法，是指所經驗的語文現象的方法。（周慶華，2004：95）在第二章將會把探索主題擺在有關小琉球較具代表性、全鄉性的景觀和生態及其在語文教育上運用的研究成果，並試圖找出一個被認可且具代表性的標的物來進行和其他地區的比較，闡明此一現象對於小琉球的絕對性和代表性，以開啟本研究的序幕。

　　要進行本研究主題，首先必須要確認其進行方式並界定評定方式，而小琉球的風土人文在語文教學上的應用最顯而易見的表達方式莫過於文學。對我任教的教學對象——中年級國小學童而言，最主要的問題有兩個：第一是能力不足。除了先備知識的不足、觀察

能力不夠、語辭的運用生澀之外，更缺乏對文字的敏感度和對鄉土
文化的深刻認同所昇華的熱誠，因此在實施上具體而微的作法就是
語文教學。而如何將文學的框架放在語文教學？雖然語文教學包含
了聽、說、讀、寫，但作文的教學是最容易讓人聯想到的答案，卻
也是最難用公正客觀的方法去評判其先後差異的表達方式。

　　周慶華《語文研究法》一書中，對於「描述性的語文研究法」
所作的說明及其界定出來的分類，我認為很適合作為國小語文教學
在作文領域的評判依據：

> 描述性的語文研究法，表面上大約是「純」作相關的語文現
> 象或以語文形式存在的事物的指陳或描繪；而所指陳或描繪
> 的層面可以遍及語文現象或以語文形式存在的事物的源
> 流、結構、形式／意義、譜系等等。

（周慶華，2004：50）

　　據此，我在評定學童的作文的前後差異時，將在課程開始前擬
定題目請學童先依照其舊有經驗完成草稿作品。在評閱過程中將會
把批改重點放在挑錯字、修改不通順的句子、離題段落或過於瑣碎
的內容，請學童訂正完成修改後作品，並請學童將訂正完成後作品
重新謄寫在作文簿上。而評判標準除了採用傳統的修辭學所界定的
語法[1]來評斷學生在作文教學前後對於語詞使用的精鍊程度外，在

---

[1] 修辭方法：1.轉品；2.借代；3.轉化；4.鑲嵌；5.摹寫；6.藏詞；7.析字；8.
引用；9.誇飾；10.映襯；11.雙關；12.類疊；13.婉曲；14.象徵；15.倒裝；
16.感歎；17.設問；18.譬喻；19.示現；20.呼告；21.對偶；22.排比；23.層
遞；24.頂針；25.回文；26.錯綜；27.跳脫；28.倒反。共計28種方式。（陳
正治，2008）

課堂上進行教學時，不妨按照張新仁《寫作教學研究》和周慶華《語文教學方法》等書所提到的四個教學法（張新仁，1992：23～24；周慶華，2007：98～99）：

表 1-2-1　作文教學方法

	教學方法	教學方式
作文教學方法	1.講述法／成果導向教學法	相關寫作活動由教師支配，在寫作前以教學者講述或引導討論的方法教導寫作，並提供範文、分析寫作技巧，然後要求學習者隨著練習寫作而將作品交由教學者批改，這種方式很明顯的是以教學者為中心；此外強調學習者寫出的作品而不是寫作的過程，所以又稱為「成果導向」的寫作教學。
	2.自然過程法／低結構性過程導向教學法	相關寫作活動由學習者支配、主動發起，並按照自己的速度進行寫作。強調小組分享、同儕回饋、有修改和重寫的機會，寫作題目、形式等問題由學習者自行處理，教學者僅僅扮演協助的角色，主要工作在提供有益的寫作環境、鼓勵學習者進行計畫、起草或修改寫作過程；但不直接教導學習者寫作技巧或修改作品的準則，屬低結構性教學。
	3.環境法／高結構性過程導向教學法	相關寫作活動由教學者和學習者共同責任分擔，先由教學者選材、設計教學活動；而在教學者簡短的講解學習內容或教導某些寫作策略後，再由學習者以小組討論的方式進行部份寫作過程。這和自然過程法雖然都強調寫作過程和同儕互動，但二者最大的區別在於環境法強調學習材料和學習活動的高結構性。
	4.個別化法／輔助式成果導向教學法	相關寫作活動由學習者向小老師或電腦學習寫作，並獲得回饋；強調以個別學習者為協助的對象。

資料來源：周慶華，《語文教學方法》2007

　　其中，又以「環境法」教學成效最好[2]，因此在我進行教學時，將採用「環境法」作為教學策略，並將所完成的作品進行修辭學和意境上的比較，並分析其中的優缺點和差異性以資證明上課方式的成效。

　　第二是：動機問題。要如何讓國小中年級的學習者對其生長的環境產生更多的認知，甚至是情感上的相互呼應？在周慶華《作文指導》一書中指出，寫作必須具備內外條件方能寫出一篇好的作文，否則只是形式上的塗塗抹抹，就像是在 101 大樓的鋼筋結構上，用泥巴和水彩塗滿當成牆壁外觀，如此一來即便是再怎麼樣曠世不朽的建築設計，完成之後就只是個高聳入雲的泥樓罷了，一點也顯現不出它那 101 層樓的壯闊；而寫作所必需具備的內外條件如下（周慶華，2001：55〜65）：

　　內在條件一：存有感召而產生寫作初度的消極性動力。經由教學者引導之後，對於主題「小琉球的風土人文」所得到的感覺，並將其想法和感覺以作文的方式表達出來。

　　內在條件二：相關的動機而產生寫作二度的半積極性動力。由於受到教學者引導，學習者本身對於主題「小琉球的風土人文」的某些主題或是議題存有特殊的情感或是想法，進而鼓勵其進行更深入的創作。

　　內在條件三：權力意志而產生寫作最終的積極性動力。學習者想要讓教學者或是更多的人去發現他的想法或是分享他的文章，因此持續產生推力讓學習者進行作文創作或是其他相關的創作。

---

[2]　根據研究顯示，「環境法」比自然過程法的效果多出三倍，而比講述法和個別化法多出四倍；至於講述法、自然過程法和個別化法等三種教學方法彼此之間的差異並不明顯。（張新仁，1992：24-25）

　　此外影響寫作的外在社會條件如下：

　　外在條件一：社會的意識形態（價值觀）影響了寫作的「向度」。當琉球鄉公所在努力的推展觀光的當下，學習者所接觸到的大多是觀光的資訊，他們的撰寫動機不外乎是著名觀光景點的介紹，因此教學者要能將視野推擴開來，讓孩子們知道不是只有觀光景點可以寫。但是這卻是寫作的最基本要求，直描式寫法──把眼前所看到的記錄下來，甚至可以用演講、介紹的方式來表達，這是本研究的基本目標。

　　外在條件二：社會中的權力關係影響了寫作的「結構」。不同的社經地位的家庭的學習者，其觀察事物的著眼點也必然不同，因此教學者在這個條件下必須引導孩子走出自己的生活環境，向其他社區邁進，更進一步的引用小琉球相關的神話傳說讓其產生寫作動機。進階的作法則是引導學習者作交叉比較式的作文，例如「琉球的觀音媽廟」和澎湖的「天后宮」及金馬地區的「黑面三嬤」彼此間的異同，讓學習者去找出關聯性和差異性，再搭配上自身的想法發展出語文成果。

　　外在條件三：社會中的傳播機制影響了寫作的「持續」。這是我個人認為最重要的因子，因為要有濃厚的鄉土意識必須從小培養，才能讓自己對故鄉的認同昇華而進行創作，就像是屏東縣政府舉辦的「大武山文學獎」、澎湖縣政府舉辦的「菊島文學獎」、金門縣政府舉辦的「浯島文學獎」等等，都是藉由政府機關主辦，讓對鄉土情懷有更深想法的人進行投稿的徵文活動。有了這些機制，才可以不斷的刺激有著相同認知的人進行不間斷的創作。因此，希冀本研究可以提供琉球鄉公所一個思考方向，去為關心琉球鄉的學者和琉球鄉的學子們策畫相關的文學活動，活絡鄉土文學並配合鄉內學校和教育機關的政策，落實推廣語文教學。

　　只有滿足了上述的內外條件，才能讓好的作品不斷的出現在大家眼前，更進一步的將小琉球的美麗與活力展現在世人面前；而綺麗風雅、春華秋實的文學作品則須建立在基礎的語文教學上，因此倘若預期望未來的琉球文學，則現在務必在語文教學上多花心思，以期在未來發揚小琉球風土人情的文學時，也可以作為以後小琉球在實施鄉土化語文教育時可以採用的方式。

　　有別於本研究的重點作文教學，本書的第三章、第四章將採用民族誌方法（David M. Fetterman，2000：40）。而具體作法就是深度訪談、參與觀察。在我進行本次研究當下，琉球鄉公所委託高雄師範大學進行了相關的研究：《琉球鄉討海子民信仰暨王船祭研究》（屏東縣琉球鄉公所，2008）、《琉球嶼尋根之路──移懇探究》（屏東縣琉球鄉公所，2008）；另外大鵬灣國家風景區也針對小琉球的動植物生態完成了兩本書：《小琉球動物資源解說手冊》（楊靜櫻等，2005）、《小琉球植物資源解說手冊》（楊勝任等，2005）；琉球鄉公所更是針對國小鄉土教育出版了《珊瑚仙嶼・琉球鄉》（王添正等，2008）一書。上述的書籍都花費大筆的經費和巨大的人力，為了節省資源不造成多餘的浪費，本書第三章、第四章將參照上述書籍所呈列的物種，擷取其中我認為比較常見且數量上較為豐富的物種，請學習者進行票選，進而選出教學的標的景觀、動物和植物。

　　此外，在〈第五章：小琉球的風土人文在語文教學上的應用性〉，將會試著用詮釋學方法（周慶華，2004：101～110）去界定何謂「應用性」？並將其定義延伸至意識型態上的鄉土文化認同，進而昇華在文學表現和語文素養上的呈現，希望可以找出另一種推動小琉球人文風的文學觀光未來。

在第八章將試著用「文本社會學」的方法去闡明如何將風土人文推廣應用在語文教學上。而所謂的「文本社會學」,周慶華《語文研究法》提到:

> 這種相關語文現象或以語文形式存在的事物所內蘊的社會背景的解析,大體上有兩個層面:一個是解析語文現象或以語文形式存在的事物是如何的被社會現實所促成;一個是解析語文現象或以語文形式存在的事物又是如何的反映了社會現實。這兩種都可以稱為「文本社會學」;差別只在前者可能需要用到觀察和調查等轉助性的手段,而後者只需逕自去解析就行了。
>
> (周慶華,2004.89)

參照本研究在各章節的實施方式和預定進行的研究方向,足以證明「文本社會學」將會適合用來解說本研究第八章的內涵,並將其實證。

第三節 研究範圍及其限制

依照上節所論述的研究方法,就可明白本書所涉獵的範圍包括了:小琉球的風土人文景觀、語文教學活動設計、學習者的學習前後作品差異、作文修辭文章構句以及在地方政府的推動之下,是否可以大力提升對於小琉球地區的文化探討、觀光探訪昇華為文學上

的展現，儘管相關研究項目繁多，但本研究的主題依然還是鎖定在語文教學上。而利用既有的鄉土文學教材搭配政府出版品和學習者的生活經驗，佐以環境法／高結構性過程導向的教學法來刺激學習者在語文領域上表達、顯現出他們心目中的小琉球。

　　至於語文教學的範疇，不外「聆聽與說話」、「閱讀」、「注音符號與識字及寫字」和「寫作教學」等。（周慶華，2007：47～92）在第一個範疇「閱讀教學」上，除了大量的閱讀優良文章作品，更添加和小琉球相關的鄉野傳奇、生態景觀的圖文著作，讓學習者充實自身的知識與常識，更藉由大量的作品去增加學習者本身的詞彙庫，讓學習者從「胸無點墨」逐漸涵養到「應答如流」再發展到「筆耕墨耘」在在都需要大量的學識，而這些也都亟需教學者去引導學習者進行閱讀，並指引學習者查詢資料的來源和方法進而吸收為自身學識。

　　在第二個範疇「聆聽與說話」，這是傳統教學上最常搭配利用的授課方式，講臺上的教學者使用傳統的講述法進行教學，而講臺下的學習者則是進行「聆聽」的動作，而「聽」可以分成「用心聽」、「不用心聽」和「聽出絃外之音」這三個類別。「不用心聽」是屬於班級經營的環節，也有可能受到當天的人事時地物所影響，其變項不在人力控制範疇所以不列入探討範圍。而「用心聽」和「聽出絃外之音」是受到學習者生活經驗的影響，一如在一個家庭晚餐的飯桌上，爸爸媽媽正專心聆聽兩個孩子的對話：

　　　　小明：「我今天在我暗戀的女生面前摔了一跤，超「囧[3]」的。
　　　　小白：「哈哈哈，你也實在是太『瞎[4]』了吧！居然出這個糗。」

---

[3]　囧：時下網路流行語，表示困窘的表情。

爸爸：「囧？」

媽媽：「瞎？小明阿，你眼睛怎麼了嗎？」

　　我相信爸爸媽媽都會聽的很用心，但是他們聽不出這些絃外之音，自然就無法融入孩子們的交談和生活。同樣的生活在甲地的學習者和生活在乙地的學習者對於同一個景觀會有不同的想法，越是離該景觀越近的學習者往往越能夠知道一些旁人所不知道的傳奇，而當教學者講述到該景觀時，生活在甲地的學習者和生活在乙地的學習者所聽到的感受便會不同。教學者不但要讓乙地的學習者聽懂這些傳奇發表他的想法，更要促使甲地的學習者說出他聽到的傳奇以及他的想法，藉由這樣的教學方式，我們可以更清楚的明白學習者是否「聽懂」了教學者所欲傳達的教學思想。

　　此外，跟聆聽一起的能力就是「說」，讓學習者說出他們心目中的概念與想法，而「說」的能力受到孩子的天生的個性、生長環境、學科學習能力、口語表達能力的影響，即便是王小明打王小白，都有可能出現以下的說法：

孩子 A：「老師，王小明給王小白打。」

孩子 B：「老師，王小明打王小白。」

孩子 C：「不得了了，王小白被打到流鼻血了。」

孩子 D：「好可怕啊！啊～～～～」（尖叫中）

孩子 E：「打的那麼小力，好像沒吃飯一樣。」

　　由以上的句子可以明顯的看出 B 的口語表達清晰構句正確，A 則是主詞受詞位階沒弄清楚，C 和 E 的切入點則顯然和其他人不

4　瞎：時下網路流行語，表示太誇張的意思。

同，而 D 則是喪失思考能力。一個簡單的事件在不同背景環境的學習者眼中所看到的面也不一樣，因此即使是一個相同的景觀：「碧雲寺」也有可能出現許多種版本的介紹詞。而語文教學上的「聆聽與說話」，在學習者語詞深度尚未完整之前，就是要訓練學習者在聽到教學者所提供的資訊之後，可以精確的看到目標物時，並且用一套有規律有系統的方式表達出來，待學習者的語詞深度達到一定程度時，自然可以發展出另外一種生動活潑並帶出重點的表達能力。

第三個範疇「注音符號與識字及寫字」，則是因為目標教學群的學習者是中年級學生，絕大多數已具備了注音符號拼、說、讀、寫的能力，加上具備基本的閱讀識字條件，因此這一範疇的重點在於地方方言所延伸出來的特殊字體以及其特殊發音，例如在高雄縣鳥松鄉有一個村子的村名曰：「坔埔」，其「坔」字音唸「ㄅㄧˋ」，臺語音（lòm/làm），可是查字典卻是「坔」：ㄉㄨㄥˋ（Lonq）。因此在此一範疇的教學重點則是擺在特殊字體以及其特殊發音，只是它的特殊字體及其特殊發音的案例過於稀少，所以不另外開闢章節論述，將會擺在發展「聆聽與說話」的高階回饋：鄉里景觀解說時，才不致發生說不出口的問題。

第四個範疇「寫作教學」，同時也是本研究的重點項目，希望在經過了有計畫的語文教學發展訓練之後，可以讓學習者的作文成品不再只是流於表面的描述，而是可以有更敏銳的觀察力、更洗鍊的文字，並藉由這樣的教學過程讓學習者對於自身鄉土文化有更深刻的認知，更加熱愛自己的生長環境並珍惜如此寶貴的自然資源。

最後，就本研究的各章重點鋪陳論述整理如下：

第二章文獻探討將會針對現存有關小琉球的文獻資料、官方文書資料作一個資料的歸納整理，並將和其他離島鄉鎮縣市作粗略的

比較，以展現和其他離島地區的差異以及彰顯小琉球的特色；並且針對配合九年一貫鄉土教材編輯教學方面，檢討其在教學上的應用現況及語文科相結合的討論。

第三章將整理小琉球獨特的珊瑚礁生態系、珊瑚礁離島的動植物態的簡介、以及島上特殊的自然景觀，並收集整理和小琉球景觀有關的文學作品，作為文語文教學上的一個章節，希望可以因為較為完整的收集去啟發另一首〈車過枋寮〉般動人的文學作品。

第四章將會概略介紹琉球八個角頭的地名沿革，將離島漁村和本島漁村的生活作一個簡單的比對，並介紹島上交通的路線及特色，另外還會把島上虔誠的宗教信仰及其各廟宇堂口作個簡單的分類，並說明三年一度的小琉球王船祭對於小琉球人的意義與價值，再將以上資料收編成另外一篇語文教學的教材。希望可以因此啟發學習者更大的興趣去作更完整的小琉球景觀介紹說明，當然啦！時間是定在以後。

第五章將會探討小琉球的風土人文在語文教學上的應用性，並界定「應用性」的定義，並且比較金門、馬祖、澎湖三個縣級的離島地區和綠島、蘭嶼兩個鄉鎮級的離島地區，探討離島文化深耕的可行性及其辦法，並試圖闡明鄉土情懷的昇華憑藉搭配自身生活經驗上所觀察到的過往差異，在本章節最後希望可以透過參考學習其他離島或觀光地區的徵文廣告行銷手法，讓小琉球的能見度更為寬廣。

第六章和第七章將會比較著重在如何將這豐富的風土人文編排進語文教學，並在課堂上進行教學，除了課堂上的語文教學，配合自然、彈性、社會去探索小琉球的景觀，在課程的進行中帶給學習者不同的觀感，以達到促進其文學創作的發展落實在寫作教學上。

　　第八章首先是比較完整的離島比較，並找出小琉球之於其他離島的優勢與劣勢；其次將小琉球內其他學校的鄉土文化教材的優點與缺失比較出來，以供日後編輯相關教材時參考用；最後搭配政府的相關部門政策研擬如何行銷小琉球。

　　第九章會將本研究通篇回顧，並盡可能將其不夠完整的部分補充說明，並展望在以後能有更專精在自然景觀或是社會風俗等相關研究議題的著作問世。

　　本研究的限制是風土人文融入語文的教學活動要配合學校課程計畫的編排，無法自成一個完整的研究系統，必須要靠研究者自身尋找其他的課堂來完成教學。另外，風土人文融入語文教學的相關論述甚少，因此在缺乏文獻資料參考的情形之下，理論的建構需要靠研究者自身的教學成果來支持，否則將會缺乏研究成果佐證。

第二章

文獻探討

第一節　小琉球的風土人文

　　琉球鄉雖然只是個蕞爾小島，卻是全臺灣唯一隆起珊瑚礁島嶼，小琉球晚霞風景更在清代時就已列入南臺灣八景之一。風光明媚、鳥語花香，環境清幽、景色秀麗，島上珊瑚礁奇岩漏布，更有美麗的白色貝殼沙灘和潔淨美麗的海水。地形上北寬南狹狀似短靴，更擁有完善潮間帶生態保護區——多仔坪潮間帶，還有充滿了神秘傳說的烏鬼洞和淒美神話的美人洞等自然景觀，奇岩區遍布的各種形狀的奇異岩石，不能不提小琉球的代表性風蝕礁岩狀似花瓶的花瓶石，而在東南邊珊瑚礁岩區更有狀似小琉球信仰精神中心觀音嬤的觀音嬤石；著名的星沙海灘和山豬溝原始自然步道，搭配上古色古香的廟宇和純樸好客的小琉球居民，這一切就是構成我成長的家鄉——小琉球的組成元素。

　　小琉球位於東經 120 度 20 分 25 秒、北緯 22 度 19 分 48 秒附近，就是屏東東港西南約 8 海浬的海面上，距離高雄港約 18 海哩。島的北端緯度幾乎與屏東縣枋寮、臺東縣大武二地相同。全島呈短靴（或謂芭蕉葉）狀，島軸成東北西南走向。東北寬而西南窄，最大長度 4 公里、寬度約 2 公里，周長 12 公里，面積 6.8 平方公里，

為一孤立海中的小島。小琉球地勢略呈東北向緩斜，海岸沿線為隆凸的珊瑚礁，由於受海水侵蝕，而形成各式各樣的奇岩怪石。南部海岸因斷層而形成懸崖，景色十分綺麗；西側沿岸（就是杉福、天福等西岸一帶）略有沙灘分布，然面積不大。島上有三座凸起山丘，分別為東北的龜山（龜子路山）、西北的馬鞍山及東南的厚石山。全島概為珊瑚礁所構成的低矮岡陵，平地很少，多屬紅土。島上最高海拔為 87 公尺（八七高地），沒有河流。因受到地層連續性隆升作用和傾斜作用影響，地塊發生運動，所以本島表面有兩條構造線，形成小地溝，一條為東北——西南走向，另一條呈西北——東南走向，這兩條小地溝相交於小琉球島的中央。覆蓋的珊瑚石灰岩因而被分為西北部、東北部、西南部及東南部四塊小臺地，由於此地形，所以以前有「剖腹山嶼」的稱呼。小琉球為隆起珊瑚礁所構成，基盤為泥質頁岩層，表面上覆蓋著珊瑚石灰岩，海岸為隆起珊瑚礁所環邊，厚約 7 公尺，寬約 100 公尺，而其末端與海面下的現生珊瑚礁連接，為典型的「桌礁」（Table reef）。石灰岩洞穴地形與珊瑚礁海岸地形遍布全島，較著名的如烏鬼洞、美人洞、花瓶石、山豬溝、倩女臺、龍蝦洞等。小琉球氣候溫和，年均溫約 24.5 五度，年降雨量約為 1,773 公釐，屬於副熱帶季風氣候，除了夏季颱風來襲外，一年四季均可從事漁業活動。再加上，小琉球周圍 100 公尺內，不但水深適中，又多珊瑚礁岩棚，於是形成天然魚礁，向來為迴游性魚類所聚集；此外，超越 100 公尺後，水深漸次增加，海底也轉為泥沙底質，且該處又正當高屏溪與東港溪的出口要衝，養料豐富，所以而附近海域乃為漁場所在。

　　還有小琉球水色之勝，絲毫無遜墾丁，景致之幽，也不遑多讓，而隨著琉球觀光港的整建完成，除了勾勒出本鄉的觀光榮景外，更

為屏東縣開發藍色海上公路航線踏出堅實的第一步。琉球觀光港日後將成為藍色公路另一個中繼停泊據點，不但可擴大海上公路的觀光範圍，並可帶動本鄉的旅遊熱潮。琉球嶼景觀資源豐富，可分為海岸、森林、古蹟建築及寺廟、田園景觀、特殊景觀、戶外遊憩等，極具觀光發展潛力。1984 年，在觀光局補助、省住都局規畫下，廢除原有鄉街性質的都市計畫，改擬定以發展觀光為目標的風景特定區計畫。2000 年 1 月，進行納入「大鵬灣國家風景特定區」的評估。而小琉球因景觀資源性質不盡相同，可略分為海岸景觀、林木景觀、人文景觀、海域景觀等四方面。

一、海岸景觀

小琉球長久以來，一直享有「海上明珠」的美譽，全島盡為珊瑚礁地形，海岸景觀澄澈蔚藍，奇岩勝景風光旖旋。此一孤懸一隅的海角樂園，得天獨厚的珊瑚礁及低矮岡陵，除白沙尾、杉板路、海子口等地區有沙灘分布外，幾乎全為珊瑚礁地形，奇岩怪石，變化萬千。沿岸自西向東反時鐘方向，依序有花瓶石、美人洞、山豬溝、杉板灣、烏鬼洞及海子口、厚石奇岩、龍蝦洞等觀光景點。

二、林木景觀

銀合歡、相思樹、林投等是島上主要林木。銀合歡耐乾旱、瘠土，用途廣，所以造林面積廣，幾乎遍及全島坡地；相思樹分布較散，以東部的漁福村附近為主；林投是島上土生植物，繁殖於海岸，既可增加海岸景觀特色，又可作為天然防風林。

三、人文景觀

計有白沙尾港、大寮漁港、小集村型村落、廟宇及文教機構等。

四、海域景觀

沿岸海水清澈，海底地形多富變化，海底生態景觀資源豐富，島上也有私人設立的海底動物園，園內陳列各種式樣的珊瑚、熱帶魚、貝類等海底生物，並有巨大的海牛標本及海龜、玳瑁，同時有玻璃海底遊艇可一窺絢爛的海底世界。另有一座化石館，存放各種海底生物化石，倘若將其串連，可謂是活生生的自然生物教室。

至小琉球觀光，陸上及海上活動都適宜，陸上活動有自然探勝、拜訪寺廟名勝古蹟、租車環島兜風、野外健行等；而海上活動則有浮潛、釣魚、乘坐遊艇、游泳等。游泳的最佳地點在白沙尾東南海濱，另可租乘竹筏，潛水探究海底景觀，潛水的最佳場所在海子口，位於本島最南端，是一處極佳的海水浴場。此外，可乘坐遊艇遊覽海岸風光，或以海底觀光玻璃船一探海底世界。本鄉近海為著名漁場，素有琉球龍宮之名，遊人可享垂釣之樂，近海魚類有旗魚、鮪魚、白帶魚等，沿岸魚類則以倒吊魚、鸚哥、石斑、鶴鱵魚等為多。小琉球面積僅六‧八平方公里，可耕之地既狹小，又缺乏灌溉水源，農產不豐，鄉民泰半以捕魚維生，約佔全部從業人口的百分之七十。而所謂「討海人三分命」，經年累月置身在浩瀚無垠大海中的討海人，每每總難免備感自己的渺小與無助；無疑的，其空虛的心靈深處，是亟需高度的宗教信仰來填補的。

　　除基督教徒外，本鄉宗教多屬多神教信仰，就是由佛教、道教、儒教、一貫道等混雜交織而成的所謂民間宗教信仰者。此民間信仰的觀念，實肇基於古人對天地、山川、自然等化育人類的感恩心理及對某些生前人格完美，或有功德於百姓者的崇敬。《禮記》卷四十六〈祭法〉云：「夫聖王之制祭祀也，法施於民則祀之，以死勤事則祀之，以勞定國則祀之，能禦大災則祀之，能捍大患則祀之。」且隨著小琉球鄉民共同信仰基礎的建立，本鄉寺廟已自然形成五個層級：

(一) 公廟：全鄉共有共祀，就是碧雲寺與三隆宮。

(二) 角頭廟：角頭共有共祀，就是四角頭的土地公廟。

(三) 庄廟：庄頭共有共祀，如漁福村的池隆宮、本福村的水仙宮、南福村的五王宮等。

(四) 私廟：廟內部分住家共有共祀，也就是「廟宅一體，神人合住」的所謂「大殿祀神，廂房住人」的現象，如本福村的幸山寺、天福村的五池宮、大福村的代天宮等。

(五) 私壇：未設廟宇，僅供於自宅中或神壇者。

　　值得一提的是，角頭的土地公廟有參加迎王祭的特權，其他廟宇則須先向三隆宮報名登記。而當碧雲寺的觀音菩薩聖誕祭典時，也僅有三隆宮與代表角頭的土地公廟可以參加，但除了宗教事務外，非但土地公廟不為該角頭的活動中心，即使碧雲寺與三隆宮，也不是全鄉的社會活動中心，因為鄉民只有在祭典、演戲、出海及結婚前一天，才會聚集於該處。

　　此外，提到小琉球就不能不提到對整個琉球居民來說，即便是放下手邊工作，連遠在阿根廷、澳洲、南非捕魚的遠洋船員都會請假搭飛機回來參加三年一度的王船祭。

第二節 小琉球與臺灣其他離島風土人文的比較

在〈旅遊管理研究〉中有提到，臺灣地區離島的觀光資源有澎湖玄武岩的地質景觀與生態景觀、金門馬祖的鳥類資源、龜山島、綠島及蘭嶼的鯨豚資源，在特有的人文景觀活動有綠島的飛魚祭、小琉球的王船祭、金門與馬祖的戰地景致，或是古蹟巡禮、生態解說碑、自然景觀解說碑以及歷史解說碑，進而可以安排替代性的生態旅遊解說或者是島與自然生態系的生態體驗。（李宗鴻，2003），由此可見，臺灣的離島風土人文景觀除了具有人文差異性的宗教祭祀上的活動，更因為地理位置上的不同具有許多不同的地理景觀以及生態資源。例如一樣都是離島周邊被海洋圍遶，東邊瀕臨太平洋的蘭嶼、綠島和龜山島就具有豐富的鯨豚資源，而相對於這豐富的海洋生態資源，東部臺灣海峽上的小琉球、澎金馬等地就不具這樣的鯨豚欣賞的生態資源，反而轉以過境的候鳥為主的鳥類資源為主力，尤其金馬地區每年到了秋冬季節轉換的時節，大陸北方往往會飛來數以萬計的過境候鳥可供觀光客欣賞。

表 2-2-1　臺灣地區離島自然景觀資源表

	金門	連江	澎湖	蘭嶼	綠島	琉球
地質	花岡岩	花岡岩	玄武岩	以角閃石的安山岩質熔岩及玄武岩質的集塊岩為主	集塊岩與安山岩	珊瑚礁岩

自然景觀	海岸景致	海岸景致	海岸景致	海岸景致	海岸景致	海岸景致
生態景觀	候鳥	候鳥	鯨豚	飛魚祭	鯨豚	海底世界
風俗	閩式習俗	閩式習俗	閩式習俗	達悟文化	閩式習俗	閩式習俗
人文景觀	閩南合院式建築	封火山牆	咾咕石建築	達悟族原民建築	柚仔湖聚落	金碧輝煌的廟宇建築

資料來源：金門縣政府，2009；連江縣政府，2009；澎湖縣政府，2009；蘭嶼鄉公所，2009；綠島鄉公所，2009；琉球鄉公所，2009；姜枕山，2004。

　　除此之外，臺灣的離島存在著行政等級上的差異性，這代表著可以接受的行政資源的差異，例如澎湖、金門、連江縣（馬祖）是屬於縣級的行政區域，一年的經費遠多於琉球、蘭嶼、綠島等鄉鎮市級的離島。行政上的差異參見表 2-2-2：

表 2-2-2　臺灣地區各離島行政位階資料比較表

	金門	連江	澎湖	蘭嶼	綠島	琉球
行政等級	縣市級	縣市級	縣市級	鄉鎮市級	鄉鎮市級	鄉鎮市級
人口（人）	83329	9884	92769	3960	3093	12652
行政面積	151.656 km^2	28.8 km^2	126.864 km^2	48.3892 km^2	15.0919 km^2	6.8018 km^2
國小數	19	8	41	4	2	4
國中數	5	5	15	1	1	1
高中數	2	1	2	0	0	0
大專院校	0	0	1	0	0	0
地區文學獎	浯島文學獎	馬祖旅遊文學獎	菊島文學獎			

資料來源：金門縣政府，2009；連江縣政府，2009；澎湖縣政府，2009；蘭嶼鄉公所，2009；綠島鄉公所，2009；琉球鄉公所，2009。

　　由上表可以清楚看出除了行政資源上的差異，更存在著人口和教學資源上的差距，尤其是三個縣市級的離島都具有自己的文學獎，且已經行之有年，每年更在臺灣本吸引了許多在當地出生，而遠來臺灣發展的文學家的投稿，更甚者已經不分是否是和當地有任何的地緣或是生活上的關聯，只要你認同該地方的發展都可以前來投稿，經年累月已經累積許多不論是在地人或是外來文人的文化認同；而反觀三個鄉鎮市級的離島地區，首先經費受到極其嚴苛的限制，其次我們可以發現，在教育機構的級別上，根本無法向縣級的離島擁有高中職等級的學校，甚至項澎湖縣獨立擁有學院級的科技大學，在教育環境和師資上就遠遠落後，加上鄉鎮市級的離島生活困苦，居民謀生工作機會不多，所以人口大多流失前往本島來工作，說個白話文，連自己都已經搬離開許久了，哪有心思去想到鄉土文化的認同問題，因此在行政級別上的差異更是直接衝擊了各離島地區在文化認同上的輔助資源。

　　林麗寬（2002）在《金門王爺民間信仰傳說之研究》中提到，金門縣總共有十一座宮廟，其中最資深的的廟宇首推建造於清嘉慶年間的靈忠廟，可是當我輸入金門縣政府的網站（2009）時，卻發現縣府所架設的網站並沒有針對金門地區的風土人文多加探討，相反的還和林麗寬的論文出現了極大的差異，在林麗寬的資料中金門的佛教廟宇是「紫蓮寺」，可是在金門縣府的網站上，佛教廟宇介紹的卻是「大士廟」，這樣一個基本的歧異也出現在道教的分類上，甚至最眾所皆知的金門當地景觀——閩式建築，在縣府的網站上也是付之闕如。

　　看完了金門，再看連江縣（馬祖）的網站導覽（2009），可以在網站首頁就清楚的看到「風火山牆」的介紹，其中還加入「芹壁

石屋」[1]，這是一般人所不知道的特色。然而除了以上資訊，在全國的碩博士論文網站搜尋任何與「連江」或是「馬祖」有關的論文，都看不到有關地方風土人文的探討，最接近的只有王傳平（1997）所撰寫的《馬祖芹壁傳統聚落保存效益評估之研究》，然而該篇論文卻是以建築的觀點來探討馬祖聚落的發展，除此之外並無連結其他風俗民情的介紹。

　　我在尋找離島風土人文的相關資料時發現，當前國內缺乏通篇比較的資料，大多數都是當地縣市政府針對各離島所作的各種研究，配合當地縣市政府的觀光行銷，因此資料的取得上大多是個別的、單一的，偶有比較性的資料也大多是政府公部門針對各離島縣市級地區和鄉鎮市級地區的個別比較，其內容資料大多是觀光、經濟上的數字，對於人文風俗的跨縣市或是跨鄉鎮市的內容較少觸及。目前各離島風土人文的著作大多是當地的文化工作室為了推廣發揚當地文化所出的一些手冊，而手冊上的內容大多是文化工作者所作的田野調查或是街談巷議的議題故事所集結而成，缺乏比較務實的考證，因此在就算資料已經取得情況之下也無法登出，唯一可以取用的部分大概就是政府公部門已經公布公開的資源，如各縣市鄉鎮公布在該單位的網際網路網站上的觀光資源簡介，這是取得上比較沒有爭議，也經過相當考驗而被認同認可的資料。其餘資料在呈現上形成了相當程度的困擾。

---

[1]　芹壁石屋：正牆用青白石砌築，側牆用花崗石打磨平整，作工精細屋簷彩繪石雕屋頂石獅盤據內裝細膩講究。

第三節　小琉球的風土人文在教學上應用現況

　　現階段的教學在和地方風土人文的應用配合上當屬「戶外教學」最常使用，雖然「戶外教學」這個名詞是在近幾十年才有，但是人類自古以來就生活在山林之中，老子在《道德經》中提到：「人法地，地法天，天法道，道法自然。」這一段話就已經清楚的說明人以大自然為師的理念。「戶外教學」是由早期的露營教育而來，而由其著重的主題和關切的內容隨著時代的需要而加以調整擴大，近幾年來已經逐漸和環境教育結合了。

　　近代有許多學者開始對「戶外教學」提出許多看法，其中李崑山更是認為「戶外教學」可以激發學童研究鄉土的興趣（李崑山，2005）。更早之前的學者胡安慶也提出相同看法：

> 經過親身體驗、觀察等認識自然環境，藉以啟發其獨立思考與創造發明的能力，並養成欣賞鄉土文化、愛護自然、保護環境的的情操，其整個過程處處具有實質的教育意義，是達成五育均衡教育目的之教學方法。

（胡安慶，1995）

　　自從 1993 年公布國民小學新課程標準開始，新課程標準特色之一是加強鄉土教育，培養學生對自己生長的鄉土有更多認知的情懷，使學生達成「鄉土情、中國心、世界觀」。為達成此目的，特別在國小新增「鄉土教學活動」乙科。於 2001 年度開始實施九年一貫課程綱要開宗明義說到：

國民中小學課程應以生活為中心，配合學生身心能力發展歷
程……透過人與自己、人與社會、人與自然等人性化、生活
化、適性化、統整化與現代化之學習領域教育活動，傳授基
本知識……

（教育部，1993）

因此，在實施戶外鄉土教學時，老師不以權威來灌輸知識，而
是安排各種實際情境，如參觀寺廟建築、戶外步道教學、走訪老街，
讓學生自己體會鄉土的味道；同時在教學活動中，由實際觀察研究
中獲得解決問題的滿足感，能強化內在獎賞的心理基礎。（黃武鎮
等，1990）

由以上所論正好可以和布魯納（J.S. Bruner）的表徵系統論（發
現學習法）結合。美國心理學者布魯納（J.S. Bruner）認為兒童心
智能力的發展，是經由動作、形象、符號三個表徵期的思考方式循
序漸進的歷程（表 2-3-1）。

表 2-3-1　布魯納表徵時期即期特徵一覽表

時期	特徵
動作表徵期	以動作了解周圍世界，靠動作的結果獲得經驗。
形象表徵期	運用感官對事物所得的意像（imagery），了解周圍世界。
符號表徵期	思想接近成熟，兒童能運用文字、數字、圖形等符號來代表經驗知識。

資料來源：林清山，1976

布魯納強調經由發現而學習（learning by discovery），讓學生
自己獨立去發現（independedt discovery），他認為如果教師以權威

去灌輸各學科的概念與原理原則，學生並不能真正的了解，所以老師在教學活動中的指導應該要減到最低程度。（林清山，1976）。但是減到最低並不是代表教學者就不需要去指導，教學者在整個課程中所處的位置應該是指導或是引導的位置，教學者之所以是教學者，就是他有知識或常識要教授給學習者知曉，而學習者之所以是學習者，就是他學有不足，在其學習領域上有需要被教學、被指導的地方。因此即便是布魯納認為應該要降低教學者的指導程度，他也不能斷然的否定或是說明教學者不該給予指導。

戶外教學正好符合「情境學習理論」的實施，所謂的「情境學習理論」就是學習本身情境化，學習環境的本身要情境化。學習者如果可以在十分接近真實狀況的情境中，經由專家活動的觀察與模仿，學習者將可以了解實際運作的情形，加上自己的親身參與，學習者可以建構自己的知識，這種在情境中經由學習者主動建構的知識會比背誦所得的知識更具實用效果。（陳玉玲／王明傑編譯，1998）

戶外教學所欲傳遞的知識，大多是呈現原始狀態，強調親身經驗以及採用活動和實作的方式來探究鄉土問題，讓學習者實際參觀鄉土環境，並在實際參觀後，寫下自己對鄉土環境的心得及感想。

第四節　語文科教學與地方風土人文的結合

黃玉冠在《鄉土教材發展與實施之分析研究——以宜蘭縣為例》一書中引用地理學者的觀點指出：鄉土有利於學生運用所有的

感官進行高動機的學習，可以作為學生了解整體環境脈絡的骨架。除了地域的觀點之外，鄉土教育中族群文化的內容要放在多元文化教育的觀點之下，方能彰顯其意義。長久以來，教育受到同化論[2]（assimilationism）的影響，視少數民族、種族或團體的文化適應[3]（accommodation）、涵化[4]（acculturation）或同化（assimilation）於多數民族、種族或團體的主文化的過程，為社會文化中理所當然的事實，嚴重忽略少數族群的文化內涵。（黃玉冠，1994：24～25）

　　歐用生在《鄉土教育的理念與設計》中從人文主義的觀點認為，鄉土教育可說是兒童對其生活意義作價值澄清的過程。人文主義強調人性本善，對生活充滿熱望。人除了具有物性，更具有人性，能向完美發展。但人是自然的一部分無法超越自然，因此自然是值得人去探索、研究、揭露其奧秘，且與環境建立共存關係。人文主義的教育目的在強調指導學生去思考、去感受、去發現，使他們了瞭解自己、周遭的社會及所處的時代，並進而體認人生的道理與文化規範的價值。兒童學習了鄉土，了解其社區與族群，了解其傳統與貢獻，則他參與自我發現的歷程，由此產生自尊自愛，產生社會意識，確定健全人格的發展基礎。能使他由一個人，成為健全的社會公民，成為一個愛國的國民，更成為一個具有世界觀的國民。（歐用生，1995：11～12）

---

[2]　同化論：同化論認為不同種族、族群、民族文化，最終都會走向不分彼此，融合成為一個新的、更大的群體。

[3]　文化適應：指某人從自己的 a 文化環境遷移到另一 b 文化環境中，對於 b 文化環境的調適、接受過程。

[4]　涵化：指借用或獲取移入地文化特質的過程。

　　因此鄉土教育的目標除了鄉土知識的學習之外，國內學者咸認情意目標的達成，才是鄉土教育的主要目的，「促使學生對其生活空間進行價值澄清與態度養成」（夏黎明，1993：45），綜而論之，鄉土教育的主要目標，就在於增進對鄉土的認同。而所謂的「鄉土認同」指的是個人就其自主察覺的鄉土範圍內，對一切人、事、物所生的認同與歸屬的心裡歷程。（翁志航，2003：7）

　　有了鄉土教學提供語文發展活動的題材，接下來要發展的語文活動就必須引導學習者善加利用，並且將所見所學以語文的方式延伸呈現，那可以是個低年級的說故事活動、或是中高年級的即席演講、抑或是難度更高的作文活動。我目前任教於三年級，因此將相關語文發展活動定焦在小小解說員、作文和說故事這三種活動，並配合今年 2008 學年度教育部主推海洋教育課程，以琉球鄉白沙國小所規畫的海洋教育課程內容作通盤性的檢討。

　　李恆惠在《由說話引導寫作之教學研究》中提到：

　　當前語文教育焦點的錯置：兒童在進入小學以前已具備部分語文能力，特別是在口頭語文能力——聽與說的表現上。進入小學後，小朋友必須在口頭語文——聽與說能力上的再求精進；另一方面在書面語文——讀與寫能力上力求成長。也就是說，我們在兒童經驗較多的聽說上，要求不但聽懂會說，還希望聽能「聆聽」，說能「得體有禮」；在經驗較薄弱的讀寫能力上，則需要得到更多的指導與訓練。但由於受到考試制度的影響，教師往往無法擺脫傳統教學的限制，將語文教育的焦點錯置於偏重字詞的形、音、意指導，而輕忽了

課文的形式深究與內容深究以及說話和寫作指導，忽略了語文的完整性及美意。

（李恆惠，2004）

因此，在設計本次語文教學活動時，除作文之外，尚包含了口語表達的小小解說員以及說故事比賽。而國內目前的作文形式還是傾向命題式作文，丁鼎在《材料作文教學研究》中提到：

> 臺灣地區近十年來的命題型式，除了受所謂「教育改革」風潮的影響而求新求變，也隨著兩岸倫理、文化、經濟、政治方面逐一解禁，開始接納對岸的思考模式與行為軌跡……這種較多元、公正、靈活、有生命力的作文命題型式，既能照應時代潮流，又能達到語文教育的鵠的，自然會被兩岸語文改革者引為重要的方式而愈加看重。

（丁鼎，2000）

可見如何將鄉土教學活動裡的課程延伸到語文教學裡當成可以讓學習者發揮的材料就考驗著教學者的課程設計能力；除此之外，何謂材料？材料作文的特徵，在於提供特定材料，或是一篇完整的文章，或是圖片，或是一篇未經處理的文件片段，然後限定寫作方式與體裁，要求學生依規定來寫作。

賴慶雄在《作文新題型》中認為：

> 材料作文又稱作「供料作文」或「限制性作文」，是指學生依據題目所提供的材料或條件，透過觀察、思考、想像等方法，重新組合成一篇文章的一種寫作型式。

（賴慶雄，2007）

韋志成在《作文教學論》中也提到：

> 供料作文也叫作材料作文、條件作文。這是一種半命題式的作文，他是由教師提供一定的材料，要求學生依據材料，進行座文的一種寫作訓練方式。

（韋志成，2002）

耿耘在《中國高中生高考作文》中提到：

> 供材料作文是一種有限制的作文型式。在考試中，命題者提供一定的素材，讓考生在閱讀這些材料的基礎上，按規定的要求去作文……他可以給你一個素材，比如一個故事、一則寓言、一段對話或是一個場景，讓你寫成記敘文或讀後感，也可以給你一篇文章、一幅畫，讓你縮寫、改寫或看圖作文。

（耿耘，1998）

　　綜合以上論述，不論是發展小小解說員、說故事或是作文等語文發展活動，搭配上鄉土教學都是屬於材料作文的一種，其最細緻的差別僅僅在於說故事和小小解說員是學習者在教學者給予素材之後，在教學的引導之下發展出使用口語表達的語文活動，而作文活動則是學習者依照教學者所提供的線索自行發展或是在被指導下所形成的語文活動發展成果。

第三章

小琉球自然生態與景觀的特色

第一節　珊瑚礁生態

　　臺灣本島與鄰近的島嶼都受到黑潮的影響，也都有珊瑚的分布，但珊瑚礁發育情形並不完全相同。珊瑚礁分布於本島東部海岸、北部海岸與南部海岸。尤其南部恆春半島有裙礁圍遶最著名。而外島如綠島和蘭嶼沿岸水質清澈、水溫適宜，珊瑚生長非常茂盛，則有發達的珊瑚礁，其中造礁珊瑚的種類和生物量很豐富，約有 60 屬 250 種以上。澎湖群島則為珊瑚礁和岩礁交互出現的海域。珊瑚礁在南海的分布更廣，東沙島和南沙群島都是珊瑚礁島嶼，周圍島嶼有發達的珊瑚礁生態系，珊瑚生長茂盛，漁業資源也非常豐富。其中最為特別是小琉球——臺灣唯一隆起的珊瑚礁島嶼。全世界面積在一平方公里以上的珊瑚礁島嶼僅七座，小琉球正是那七座中的一座。

　　小琉球因為地殼上升作用，把海底珊瑚礁往上抬升，露出海面，成為陸地的一部分。小琉球是臺灣屬島中，唯一的珊瑚礁島，海岸被隆起的珊瑚礁圍遶，全島盡為珊瑚礁地形，擁有獨特的地形地質景觀。島上如海崖、岩洞、沙灘、珊瑚礁等都是渾然天成的美景，形成如花瓶石、爬山虎、酋長石、觀音石等奇岩異石。然而，

珊瑚形成珊瑚礁的過程原因可歸納為：海水水面的升降、大陸地殼的隆降和珊瑚蟲分布的地區這三個因素。其中珊瑚礁島嶼主要乃由珊瑚蟲的生物作用，再加上其他有利的外在條件輔助下分泌碳酸鈣，形成鈣質骨骼，這些堆積的碳酸鈣骨骼日積月累，就形成了巨大的地質構造——珊瑚礁。但並不是所有的珊瑚都具有造礁的能力，真正能夠建造珊瑚礁的珊瑚，被稱為造礁珊瑚。所謂的造礁珊瑚指的是大都生活在淺水域裡，骨質疏鬆、多孔隙，顏色多為白色，沒有加工作為珠寶價值的珊瑚。形成礁體的珊瑚必須生長得夠快，才有可能形成珊瑚礁，也就是只有在光照充足、溫度較高的熱帶淺水域，才會有珊瑚礁的分布。而珊瑚的生殖過程可以分為有性生殖和無性生殖，茲將其詳述如下：

> 珊瑚的有性生殖：每年春季末，珊瑚會將成熟的卵子和精子同時排放到水中相遇結合，受精卵會發育成幼蟲，在海上漂浮，等找到堅硬穩固的地方就沈下來固著，這時的幼蟲會經過「變態」過程發育成一隻珊瑚蟲，這是珊瑚生命史中附著生活的開始。

> 珊瑚的無性生殖：一隻珊瑚蟲，會用分裂、出芽或斷裂的方式形成更多的新珊瑚蟲，這些眾多的珊瑚蟲就稱之為「珊瑚群體」，珊瑚就是利用這種增加珊瑚蟲數目的方式來生長，擴展壯大。

（墾丁國家公園管理處解說課，2001：28、32）

生活在珊瑚礁周圍的海洋生物大多色彩鮮艷的熱帶魚種，其豔麗的外表除了具有高度的觀賞價值，在求生的本能下更是有偽裝和

警告的效果。臺灣海域的珊瑚礁魚類大約有 1500 種，種類繁多是海裡最引人注目的一群。常見的魚種有：四線笛鯛、秋姑（鬚鯛）、擬刺尾鯛、克氏海葵魚、蝴蝶魚、角鐮魚、蓋刺魚、條紋豆娘魚、鸚哥魚、花斑擬鱗魨、刺河魨等（詳見表 3-1-1）。

表 3-1-1　小琉球魚類資源

名稱	習性說明
四線笛鯛	俗稱赤筆仔，體長橢圓形，體鮮黃色，腹部微紅；體側具 4 條藍色縱帶，主要棲息於沿岸礁區、潟湖區或獨立礁區，水深可達 60 公尺處，主要以底棲的甲殼類和魚類為食。
秋姑（鬚鯛）	主要棲息 1-80 公尺深度的溫暖向海礁坡礁區、潟湖等內外側泥砂地。白天時獨自或三五成群的游動在充滿多毛類、甲殼類的砂泥地上，用敏銳的觸鬚、探索躲藏在砂泥地的食物；夜晚來臨時，則在平坦的砂泥地上靜靜的獨眠。
擬刺尾鯛	擬刺尾鯛棲息於面海且有潮流經過的礁區平臺，棲息深度在 2-40 公尺左右。成魚通常會聚集於離海底 1-2 公尺高的水層，稚魚或幼魚則聚集在珊瑚的枝芽附近。主要以浮游動物為食。
克氏海葵魚	就是小丑魚，與海葵有共生關係。以藻類和浮游生物為食。有性轉變現象，先雄後雌，雌魚為種內社會的優勢魚，雄魚則為負責交配的次等魚。然而，公魚及母魚同時有護卵及保護領域的行為。
蝴蝶魚	蝴蝶魚有個扁扁且卵圓形的外型，因為外形多趣而且體色艷麗。蝴蝶魚身上炫目的色彩和條紋其實都具有欺敵的視覺效果，大部份蝴蝶魚都以浮游生物和珊瑚蟲等為食物。
角鐮魚	常成對出現，在生殖期時，會成一大群的活動。從淺水域到至少深達 180 公尺，都可發現其蹤跡。屬雜食性，但食物中大部分以底棲動物為主，例如海綿類往往多於藻類。
疊波蓋刺魚	俗稱藍紋，成魚則常在珊瑚礁茂盛區及岩礁底部有洞穴可躲避處出現，幼魚獨居，常可在低潮線或潮池中的洞穴發現，屬雜食性，攝食海綿、藻類和附著生物為食。

條紋蓋刺魚	棲息於面海的珊瑚礁區或岩礁、水道區或清澈的潟湖等。成魚會發出「咯咯」聲以嚇退來者,具有領域性,會攻擊其他同類或不同類魚。幼魚則在洞穴附近活動。以海綿、附著生物和藻類為食。
條紋豆娘魚	主要棲息於沿岸岩礁區的淺水域,但也可棲息在離岸較遠或較深的水域內。常成群聚集以浮游動物或藻類為食。生殖季節時,雄性魚會在礁穴內建立其領域。
點鸚哥魚	主要棲息於潟湖與臨海礁石區的斜坡與峭壁旁;常被發現進入淤泥又黝暗的環境。成魚大部分獨游於接近珊瑚礁旁的砂地;幼魚大都成群的在珊瑚礁或海藻叢中覓食。啃食珊瑚,以珊瑚的共生藻為食。
花斑擬鱗魨	小丑砲彈,棲息於沿岸礁石海域。背鰭有川棘,第一棘強大,遇到攻擊則逃入石縫中,將背鰭與腹鰭張開上下支撐,不易被啄食。
刺河魨	屬珊瑚礁觀賞魚類,上下頜各有一枚牙齒,全身有長棘,因其受驚嚇時會鼓漲身體,所以常常困在漁網中,又因為其全身布滿長棘,所以很少有掠食者可以吞食它。
魔鬼簑魨	俗稱獅子魚,棲息於岩礁洞穴或岩壁的陰暗面,伸張各鰭來保護自己,以夜間活動為主,單獨或成對出外覓食,以甲殼動物及子型魚類為食。

資料來源:王添正等,2008;林澤田等,2006。

　　珊瑚礁生態系是海洋生態系裡生物種類最多的,因此除了珊瑚和魚類以外,珊瑚礁區裡還有許多無脊椎動物如海綿、海參、海膽、陽燧足、海葵、螺貝類、多毛類、藤壺、蝦蟹類等等,整個珊瑚礁區相當熱鬧豐富。而珊瑚礁生態系和潮間帶的生態系大多數重疊,其重疊的種類可分為以下幾門:軟體動物門、節肢動物門、固著性動物門、棘皮動物門和自游性動物門,再將這幾門類別仔細觀察,會得到如表 3-1-2 的內容:

表 3-1-2　小琉球珊瑚礁生態

門	常見物種
軟體動物門	以各種螺類為主，如：金環寶螺、黃寶螺、芋螺科螺類、筆螺、蜑螺、蟶螺等，其間也有海兔爬行其間。
節肢動物門	常見有寄居蟹、紅眼蟹、環紋金沙蟹、大指蝦蛄等。
固著性動物門	如藤壺、海葵、海綿或海鞘等。
棘皮動物門	常見的有海星、陽燧足、海膽、海參等。
自游性動物門	石狗公、雀鯛、藍帶裂唇鯛、尉科和蝦虎科魚類等。

資料來源：王添正等，2008；林澤田等，2006。

珊瑚的生長條件必須滿足以下五點：

一、海水溫度：在 23-28℃之間；

二、光照強度：大於 1%～5%表面光照度（因此珊瑚通常生長於水深 20～30 公尺）；

三、底質：堅硬的底質；

四、水質：清潔的海水；

五、鹽度：海水的鹽度 33%～36%。

生長條件非常嚴苛，所以在近幾年珊瑚生態系受到全球暖化的影響，造成大量珊瑚白化死亡，引起了世界性的環境保護組織的重視；而在臺灣墾丁核三廠出水口的珊瑚在近幾年也被觀察出白化的現象，因此在國內也引起了一陣的騷動。

珊瑚礁主要分成三大類：

一、堡礁

堡礁離陸地有十數公里遠，中間有潟湖相隔，可能是中央之陸地下沉所致。從高空向下看，堡礁和陸地之間好像隔著一條護城河

一般，所以稱為堡礁。因為堡礁離陸地很遠，除了搭船前往外，不容易接近，所以比較不會受到人為的破壞，例如：連綿兩千多公里的澳洲大堡礁。

二、環礁

從高空中往下看，環礁呈圓圈狀，例如：南太平洋許多環狀的珊瑚礁。許多歐美的先進國家常在環礁海底進行核子試爆，嚴重破壞珊瑚礁生態。

三、裙礁

這類珊瑚礁就長在陸地的邊緣，如果我們把陸地的邊緣看成裙子的裙角，裙礁就好像裙擺末端的衣襬褶邊一般，所以稱為裙礁。例如：小琉球的珊瑚礁。

因為臺灣位處亞熱帶，所以周邊海域常常可見許多珊瑚，而常見的珊瑚種類資整理如下：

表 3-1-3　小琉球珊瑚介紹

名稱	特色
火珊瑚	觸手細小如絲，這些觸手由小孔伸出捕食浮游生物，由於刺絲胞毒性特強，不小心碰觸到皮膚會有被火灼傷的劇痛感，所以稱為火珊瑚。
蕈珊瑚	蕈珊瑚並不黏附在礁體上，是唯一可以移動的珊瑚，喜歡棲息在珊瑚礁中有碎屑堆積的窪地。
軸孔珊瑚	牠們的分枝斷裂後還會繼續生長，所以常在同一地區形成龐大的群集，是最主要的造礁珊瑚。尖枝列孔珊瑚──的

	枝條比鉛筆心粗不了多少，很容易被折斷。其形態會隨著海流的強弱及沉積物的多寡而變化。
棘杯珊瑚	通常生長在較隱蔽的珊瑚礁環境中，尤其是混濁度較高的海域。
棘穗軟珊瑚	通常生長在礁石崖壁的底部，槽溝或洞穴等較隱密的環境中，主要分布在水深 10 公尺以下的海域，常倒懸在崖壁上。
花環肉質軟珊瑚	形狀像花朵，通常生長在深度適中，海流稍強的海底平臺或斜坡上，以水深 5 至 15 公尺最常見。
直立穗形軟珊瑚	直立穗軟珊瑚珊瑚體呈灌木叢狀，主幹在基部分成許多支幹，通常生長在海流適中的海底平臺或斜坡上，以水深 8 至 20 公尺較常見。
棘穗軟珊瑚	珊瑚體呈灌木叢狀，群體具有多種豔麗的顏色，通常生長在礁石崖壁的底部，槽溝或洞穴等較隱密的環境中，主要分布在水深 10 公尺以下的海域，常倒懸在崖壁上。
鞭珊瑚	群體成不分枝的鞭狀，可經由無性的斷裂生殖方式增生群體，並形成密集分布的鞭珊瑚林。
叢柳珊瑚	群體呈灌木叢狀，分枝多而密集，具有共生藻。

資料來源：王添正等，2008；林澤田等，2006。

　　小琉球向來以豐富的自然生態景觀著稱，甚至它還是臺灣獨一無二的珊瑚礁島，這樣的獨特性搭配上豐富的潮間帶生態系和珊瑚生態系，這一切都是小琉球的孩子們得天獨厚的自然資產。

第二節　海洋生物資源

　　本嶼屬亞熱帶季風氣候，全年溫暖乾燥，年均溫為攝式 25 度，七、八月溫度較高；七月月均溫約 28.7 度；一、二月溫度較低，

一月最冷,月均溫約 18.2 度。年降雨量約 1000 公厘,多集中在夏季;十二月雨量最少。大致而言,除颱風期間少有風浪。

　　至於小琉球的海洋生物資源大致上可以分成特殊動物、軟體動物、蟹類、棘皮動物、藻類、魚類和刺絲胞動物。小琉球的海洋生物資源,首先要談的就是國寶級的「綠蠵龜」。綠蠵龜是屬於海洋的爬蟲類,主要是生活在溫帶、亞熱帶與熱帶海洋。目前全球紀錄到 7 種海龜,分別為綠蠵龜、玳瑁、赤蠵龜、欖蠵龜、革龜、肯氏龜與平背海龜,多數海龜的壽命可長達 100 年,但成熟慢。因為變溫動物,所以常會追隨暖流游泳。

　　小琉球珊瑚礁岸邊常可見綠蠵龜近岸覓食景致,也有母龜上沙灘產卵的紀錄,而且琉球嶼周圍海岸有多群綠蠵龜族群。例如:花瓶石附近,有固定一群綠蠵龜全年在這水域棲息與覓食。而且在小琉球有沙灘的海濱都曾有綠蠵龜產卵的紀錄但未發表。每天都有固定時間地點可觀察綠蠵龜的覓食活動,是值得推薦觀賞與提供進一步研究綠蠵龜的好地點,應嚴以規範加強保育宣導。尤其有產卵紀錄的沙灘的保育措施更得迅速,否則常見綠蠵龜集體亡命於流刺網;當地應速設立保育區,嚴禁不當漁具入水域。(王添正,2008:24)

　　常出現在小琉球的軟體動物大致上有四類,詳述如下:

一、腹足綱

　　最大的一綱,俗稱螺類,靠發達的足來爬行。有殼者部分種類的殼外曾有殼皮或殼毛,可防護殼免於酸性物質侵蝕;或有石灰質或角質的口蓋來蓋住殼口,其上有螺旋紋,可為紀錄年齡的參考。

二、斧足綱

　　一稱雙殼綱（Bivalvia），為軟體動物中最具經濟價值者。通常有兩片殼，頭部退化、沒眼睛、沒觸角和無齒舌。身體中央有斧形或舌形的足，可行挖掘作用與運動。埋於沙中，水由入水管、出水管進出，進行呼吸與濾食，多為雌雄異體體外受精。

三、頭足綱

　　例如烏賊、章魚、魷魚等，頭部有腕，眼睛、神經與肌肉系統發達，危急時會噴墨汁，行動快速（噴射推進）。

四、多板綱

　　外殼由八片骨板組成，有強有力的肉足吸附岸礁，其化石自古生代寒武紀就有紀錄，可為一種活化石。常見的有海膽石鱉。

　　小琉球的蟹類有紀錄的是屬於海洋蟹類物種，其中短尾類不下數十種，但在小琉球較常見到且廣為人知的有下列四種：

一、凸星花紋扇蟹

　　小琉球人俗稱「腳姆婆仔」（也叫「姆腳婆仔」，不知命名根據是什麼）它都躲在「蟳仔坪」的小洞穴哩，一個洞穴一隻，但

是密度很高。小琉球婦女在海邊的活動除了挖土鬼外，就是「迺蟳仔」，「迺尋仔」的地點在「蟳仔坪」，「蟳仔坪」是整個海坪的最外一層，雖說是坪，但海水打來打去，「蟳仔孔」還是在海面下。婦女用一根長約八十公分的細竹竿，尾端從中間剖開，再把一尾小魚或一塊魷魚乾夾在其中以便「迺蟳仔」，只要在洞口晃動，洞裡的蟳仔即會爬出來，等整隻蟳仔現身，再用另一隻戴手套的空手猛然向水裡一探，蟳仔就可手到擒來。本地流傳一句迺蟳仔的口訣：「初一搖（hia'n，女人挑情），初二俏（chhia'u，女人輕佻），初三俏了了，初四加（ka'，為、替）蟳仔咬卵鳥。」意思是說農曆初一蟳仔即開始出洞，可以蟳了，而在初三達到最高潮，初四就不見蹤影，迺不到了。（黃慶祥，2000：99）

二、圓石蟹

棲息在「土鬼坪」，圓石蟹的頭胸甲呈綠褐色，並有 2～3 列深棕色細橫紋，且頭胸甲上密生絨毛。步足與螯足黃褐色帶有深棕色斑點。棲息在 30～50 公尺的砂泥海底，但在岩礁地形亦有棲息，鄉民俗稱「白胥（chhi）仔」，鄉人很少去抓來吃。

三、南方礁石蟹

這種蟹類是專門用來釣魚用的，捉它是為了充當魚餌，並不是用來吃的。鄉民俗稱「沃（ak）仔」。（黃慶祥，2000：100）

四、寄居蟹

　　在小琉球有發現的物種有活額寄居蟹科、陸寄居蟹科這兩科，但最常見的還是陸寄居蟹科，其中以灰白陸寄居蟹和短腕陸寄居蟹為主要常見的種類，偶爾可以看見珍貴稀有物種的椰子蟹。（王添正，2008：84-90）

　　跟蟹類同屬甲殼類的還有蝦子，在小琉球常見的蝦子為大指蝦蛄科的大指蝦蛄和扁跳蝦，雖然小琉球和東港只有短短的 14 海浬之隔，但是東港的名產櫻花蝦卻沒有出現在小琉球沿海，茲介紹大指蛄蝦和扁跳蝦如下（王添正，2008：91）：

一、大指蛄蝦

　　體色變化複雜，一般雄性體色較深，包括墨綠色及咖啡色。體型中型，成體可達 10 公分。額板長寬相等，前緣凹陷，前側緣不具棘狀。尾柄具三對邊緣刺，側刺與中間刺相連，中央脊末端不具短刺。

二、扁跳蝦

　　走動時呈彈跳狀，所以又名跳跳蝦，屬於節肢動物，甲殼綱，端腳目。體積約只有幾微米（mm）長，身體長呈彎曲狀態。以藻類及有機碎屑為食。

　　退潮時在小琉球的珊瑚沿岸最容易發現的動物是什麼？除了放眼望去在沿岸嬉戲的遊客之外，莫過於海膽和陽燧足了，這兩種動物就是棘皮動物的典型代表，數量多到每走一部都要擔心踩到牠們。所以小琉球的海岸在大學研究海洋生物的生心中是著名的「棘皮海岸」。（王添正，2008：92）其中常見的種類有海星綱、蛇尾綱、海膽綱、海蔘家族和海百合綱，但海百合綱受限採樣及觀察的困難，因此關於牠的資料很少，一般民眾也不常見到，所以排除不列出，其他資料如下所示：

一、海星綱──藍指海星

　　屬於蛇海星科，是臺灣各地礁石海岸亞潮帶最常見的大型海星，幾乎每次到小琉球都可以發現它們的蹤影。其外表骨板緻密、堅硬，受到外來刺激時，其肌肉收縮身體堅硬如岩石一般。動作緩慢身體可以彎曲成任何造型，以利躲藏於珊瑚礁中。通常出現在珊瑚礁區的潮池或亞潮帶水深數公尺以內的淺水處。

二、海星綱──麵包海星

　　屬於瘤星科，又稱為「饅頭海星」，腕足與體盤連成一團，區分不明顯像個立體星星。個體的顏色變異多，但主要為紅、綠色系，體表上會有許多末端為黃色的小凸起。以珊瑚蟲為食，所以在珊瑚礁區才有分布並不多見。

三、海星綱——脊鉅腕海星

分布在一到五公尺深的礁岩區，腕的切面略成三角形，身體邊緣薄且包覆一排棒狀棘刺，身體背面腕中線的龍骨板上有一列棒狀棘，體表包有厚皮，是夜行性動物，夜間退潮時比較容易發現牠們。

四、海星綱——棒棘海星

尖棘海星科，分部區域和脊鉅腕海星類似，背部骨板呈現粗網目狀，腕長帶有規則排列的粗刺（棒棘）。體色較鮮豔，紅色、黃色、褐色相間，偶爾可在「多仔坪」潮間帶發現。

五、蛇尾綱——蜈蚣櫛蛇尾

蜈蚣櫛蛇尾屬於櫛蛇尾科，俗名海蜈蚣。棲息在潮間帶潮池岩縫中或石塊下一公尺深以內的距離。是臺灣潮間帶最常見的一種陽燧足。體盤及腕一般呈現深褐色，但也有灰白色及黑色個體。在珊瑚礁岩發現的個體多數有斷腕及再生的痕跡，可見其被捕食的壓力很大。

六、海膽綱——白棘三列海膽

屬於毒棘海膽科，俗名馬糞海膽或花膽，生活於珊瑚礁區及礁石區，常見於潮池及沿岸十公尺深以內的淺水水域。本種為大型海

膽，體殼表面成呈現紫色，但變異非常大。其生殖線可供食用，日人將其稱為「雲丹」。

七、海膽綱──梅氏長海膽

梅氏長海膽體殼略成長形無毒，酷似以前養豬用的飼料槽，因此被稱為「豬槽海膽」或「番仔膽」，其活動區域在水深五公尺左右的亞潮帶到潮間帶，低潮線的碎浪區最常見。其體色的個別差異很大，以棕、黑色為主。棘色有紅棕色、黃綠色、白色、粉紅等不一而足，使得退潮後的潮間帶更多彩了。

八、海膽綱──口鰓海膽

口鰓海膽屬口鰓海膽科，俗稱刺黑海膽，外型與紫海膽相似，但其棘刺粗糙如砂紙，在水中會反射出墨綠色的螢光；其為雜食性大型海膽，分布在二十公尺內的海域，棲息在珊瑚礁區的潮池與淺海珊瑚叢、岩縫中。值得一提的是在臺灣各地礁岩區沿岸皆可發現，其中以小琉球的數量最為驚人，但由於近年來小琉球海域的大量開發，其數量已經大不如前了。

九、黑海蔘

是珊瑚礁中很常見的海蔘，體呈現黑色臘腸形，行無性生殖。

十、棘輻肛蔘

　　棲息在潮間帶中潮間區的潮池中，體型粗胖色呈深褐色或褐色，為夜行性海蔘，多在水流平緩的潮池中活動，在臺灣常見於小琉球與東北角海域。

十一、蕩皮蔘

　　體色呈現黑色或紫黑色，體壁極為柔軟但有毒。有濾食習性，藉著不停地吃進珊瑚沙，把沙中的有機物消化掉，爾後把乾淨的沙排出來，固有「海蚯蚓」之稱，根據調查平均一隻蕩皮蔘一年至少可以過濾 50 公斤的珊瑚沙。是臺灣礁沿海岸最常見的海蔘，在小琉球地區也常常見到。

　　在小琉球常見的藻類有石蓴、粗硬毛藻、虎苔、布氏藻、針葉蕨藻、總狀蕨藻大葉變種、綠茄藻（香蕉菜）；大葉仙掌藻、囊藻、重綠葉馬尾藻、網胰藻、傘房龍鬚菜、南方團扇藻和縊龍鬚菜。

　　其中傘房龍鬚菜和石蓴是可以食用的海藻，而石蓴更是海苔的一種，凡是到小琉球的遊客在小琉球用餐的時候都會點的一道海苔湯，就是用石蓴煮的，味道鮮美可口且營養價值高；而傘房龍鬚菜常見料理方式則是用白醋、爆蒜和蔥下去炒，再用紅蘿蔔配色，是一道富含膠質的營養料理。

　　此外，小琉球常見的魚類已在第二章第一節的珊瑚礁生態中詳細列出，本節就不再重複贅述。最後要談的是小琉球常見的刺絲胞動物，而在小琉球潮間帶常見的三類刺絲胞生物：海葵、水母和珊

瑚。在小琉球常見的海葵有四種：蟋形美麗海葵、巨形列指海葵、叉側花海葵及紅岩溝海葵，而常見的水母為海月水母也就是俗稱的幽浮水母；至於珊瑚在第二章第一節已經詳細列出並說明過，就不再重複說明。黑葵和水母的說明如下：

一、蟋形美麗海葵

寄居在寄居蟹殼上的海葵，大多出現在礁岩海岸，夜間則被寄居蟹背著四處移動。

二、巨形列指海葵

此種海葵最大特徵便是他那密生而短小的觸手，使整株海葵看起來像是覆蓋在海底的絨毯，因而有「地毯海葵」的俗名。是全世界僅有的十種巨形海葵會與海葵魚共同生活的種類之一。

三、叉側花海葵

此海葵最大的特徵是它那細長的觸手，觸手上有淺色一節一節的斑紋，體色大多為褐色、墨綠色，常成群出現在中高潮區的礁石上。

四、紅岩溝海葵

其最大特徵是那粗短而多彩的觸手，觸手末端膨脹，使整株海葵看起來像是長在海底的菊花，非常亮麗。棲息在礁岩縫中，多單獨生活。

五、海月水母

　　體色呈現淡藍色、粉紅色或乳白色，生殖線黃色。形狀像　個倒放的碗或煎鍋一般，其優雅的游泳姿勢看起來像海中的月亮，西方人稱其「Moon jelly」。常出現在河口、海灣附近，全世界海域都有分布。

　　以上是小琉球地區的海洋生物資源，足見小琉球地區海洋生態系的豐富，如果可以好好的運用在語文引導上，例如說故事、小小解說員、作文比賽上，相信可以使學習者靈活運用這些資訊作出更豐富的小琉球報導。

第三節　陸上動植物資源

　　談到小琉球的陸上動植物，扣除一般常見的家禽家畜和林禽走獸，唯一可以特別拿出來提的是候鳥和沿海植物。常見小琉球的候鳥有兩種：一種是灰面鷲（飛烏鳥）；另一種是紅尾伯勞（畢勞仔）。但是近年來逐漸呈現數量漸漸減少的現象。（林澤田，2006：27）

　　灰面鷲分布在亞洲東北部，每年九月下旬便紛紛飛往溫暖的南方，到華南、中南半島和菲律賓等地過冬，隔年三、四月再飛回北方繁殖。灰面鷲有著褐色的背部，灰白色的臉頰及白色的胸腹，灰面鷲就是得名自牠灰白色的臉頰。牠會以特有的盤旋和起降方式飛

翔，在高峰期鷹群便會布滿山區上空，遮天蔽日的盛況蔚為奇觀。每年國慶期間，灰面鵟就一批批飛抵小琉球，棲息於山坡樹林間，成千上萬翱翔於空中極為壯觀。禁獵之前捕鳥人常常趁著夜間，手持手電筒利用竹竿或空氣槍上山捕獵灰面鵟，但現在因為配合保護野生動物措施，捕捉情形已經近乎絕跡。

另一種飛禽是紅尾伯勞，其身形粗胖，尾長、鈎形嘴、上身大致呈現褐色，額頭有時為灰白色，黑色眼帶是其特徵，常於農曆四月清明和中秋月白露時節過境小琉球，前後大概各持續一個月時間。過境期間喜棲息於平野及較低的森林區，經常站立於樹上或電線上，尤其是獨立竹竿的頂端或鐵絲網的結刺上。早期的獵鳥人就利用這個特性而在空曠的地區自製竹夾陷阱「鳥仔吊」獵捕，禁獵以後，十多年來捕鳥的行為大量減少，希望有朝一日可以不要再看到被獵捕的伯勞鳥和灰面鵟。

小琉球常見植物受到全島為珊瑚礁所構成的影響，全區幾乎為高低起伏不平丘陵臺地，平地很少，土壤都因受碳酸鈣氧化而呈現紅色，因此島上植物多為耐鹽、耐旱、抗楓的海邊植物及藻類，主要植物有山豬枷、臺灣海棗、銀合歡、林投、相思樹、白水木、海埔姜及馬鞍藤等。今參考《珊瑚仙嶼‧琉球鄉》（王添正等，2008）和《海上明珠——琉球鄉誌》（林澤田等，2006），列出十五種為解說植物舉列如下：

一、銀合歡

本數種因耐乾旱、瘠土，用途廣，所以此樹大量種植於日據時代造林面積廣闊，幾遍布全小琉球坡地，形成島上主要林木景觀。

在一片銀合歡樹林中，砍伐時間採間隔式砍伐，這樣輪替砍伐使每年都有銀合歡可用，砍伐後的樹木，任其自然散落在地上，如此可保護樹根防止日曬，再者銀合歡的樹根不大，水分易蒸發，帶樹枝乾枯後。

二、林投樹

又名野菠蘿，是島上土生植物，果實狀如鳳梨卻一點也不可口，高纖維的果皮可讓種子隨波逐流到各海岸邊萌芽生長，是海漂植物的一種。其根部劈成片條，可當繩索捆東西之用，而葉片剪下曬乾可供作柴薪用。（林澤田，2006：27）

三、相思樹

分布較為分散，以東部漁福村附近山坡地為主。相思樹本為當地居民主要柴薪，也可供作建築木柴、傢俱之用，自從瓦斯普及柴薪需求減少之後，也當防風林用。（林澤田，2006：27）

四、鱗蓋鳳尾蕨

岩生或地生，莖短直立或斜生，密被灰褐色細鱗毛，業叢生，孢子囊群位於羽片兩側邊緣，由葉緣反捲之假孢膜保護。是小琉球常見的蕨類之一。

五、海金沙

地生，根莖匍匐狀，葉軸攀緣性，具休眠芽，打破休眠時能無限制生長，並能產生分枝，是世界上最長葉片的植物。以往鄉間常用其葉軸作為鍋刷或編成籃子。

六、落葵

多年生草本植物，莖葉可食，就是俗稱的「皇宮菜」，吃起來黏黏滑滑的，因其黏滑口感適於炒食。

七、白水木

常綠中喬木，幾乎全株被銀白色絨毛，其銀白色絨毛不僅反射一部分光線，也可減緩水分爭散及減少被啃食的機率。

八、馬鞍藤

多年生匍匐藤本，對環境的耐力極強，尤其對高鹽分極高鹼性的砂地。除具有定砂功能及觀賞價值外，根莖葉也為民間用藥及野菜。

九、雙輪瓜

一年生蔓性草本。葉互生，雌雄同株，其果實未熟時綠色，熟時紅色，具八條不整齊白色縱紋。

十、血桐

常綠喬木，盾形葉，由於其樹幹或枝條被砍斷之後，樹幹中心的髓部會流出紅色的汁液，因而得名。可供建築及製造箱板或當柴火用，樹葉也可當牲畜飼草或是包裝食物用。

十一、毛苦蓡

小灌木，全株被灰白色絨毛，總狀花序頂生，通常生於海岸附近的珊瑚礁。

十二、草海桐

小灌木，葉肉質，全島不論在沙灘、礫灘或珊瑚礁上都可見其蹤影，為海岸第一線植物。

十三、棋盤腳

常綠喬木。葉似欖仁，晚上開花，隔天早上花瓣花絲都掉落，只剩下花柱。果實發育為四稜形似古代棋盤的腳，因以得名。其中果皮為纖維層，與林投一樣都是海漂植物。

十四、海桐

常綠小喬木。枝條多分枝,單葉互生,於小枝條頂端叢生,葉片長橢圓形,對著陽光葉脈呈現格子狀。為海岸林常見樹種之一。

十五、止宮樹

常綠灌木,小枝上具有顯著皮孔。其核果成熟時由綠轉紅向一串珠寶,甚為漂亮。屬海岸灌叢,抗風、耐鹽及耐旱。

以上是小琉球較為常見的動植物的物種,雖然大部分的海珊瑚礁生態系的水族和陸上植物也存在其他離島地區,但是不可否認的,這就是我的故鄉小琉球的物產。為了要讓孩子們能對小琉球有更深刻的認識和描述,勢必要先將其生態系做一番整理,慢慢引導學習者去觀察;然後學著描述、描繪他的故鄉小琉球;最後再從中挑選出較優秀的作品加以提點,讓學習者們可以學到用不同的觀點來紀錄小琉球。

第四節 特殊地理景觀與名勝

提到小琉球就不能不提到它的特殊地質,在大自然的精雕細琢之下小琉球的海岸地形展現了一種滄桑的美,就在那珊瑚礁的銳利尖刺和大大小小數不盡的氣孔中,刻畫出了這幅舉世無雙的曠世鉅

作——小琉球。而近些年在小琉球鄉公所的大力建設之下，也確實配合著小琉球的特殊地形規畫出了數個風景區。以下將配合小琉球鄉公所網站上所推薦的觀光景點加以介紹：

一、美人洞

美人洞位於本鄉之西北角（杉福村東北側外緣），距離鄉公所約一公里，背山面海，其遊憩區可以為海濱帶與山坡帶，海濱帶奇石處處，洞外碧波萬頃；山坡帶花草叢生，景觀翠綠迎人。依據本鄉風景特定區計畫，美人洞屬於公園預定地，1975 年由鄉公所以公共造產方式闢建而成。區內共有十三景：曲徑探幽、天外天、蝙蝠洞、情人坪、仙人洞、望海亭、仙人泉、美人洞、怡然園、寧靜亭、迷人陣、榕岩谷、　線天等。

在植物景觀方面，第一遊覽區入口處，就是濱海公路北向的海邊，植有構樹雜木林，南面高位珊瑚礁岩則著生血桐、馬纓丹、榕樹、銀合歡；停車場處植物有海檬果、七里香、矮仙丹、垂榕、黃金榕、大葉山欖、威氏鐵莧、金露花、南美蟛蜞菊、使君子；向海區則栽有毛柿、稜果榕、沿階草、銀合歡、姬牽牛、長柄菊；面山之處除銀合歡及構樹外，尚有山豬枷、苧麻等。此外，還有情人坪上的茄冬、仙人洞的三角鱉、棋盤腳及林投等其他植物。

美人洞的由來，其傳說頗啟人遐思：相傳明萬曆年間，有一蘇州佳麗，隨父赴北京宦所就任，舟行海中，遇風傾覆，佳麗浮以船板，隨波逐流，與家人失散，漂至本鄉，飢採野果，渴飲清泉，歲月悠悠，竟不知所終。由於該佳麗生得美膚丰姿，眉黛含春，風情萬種，後人遂以「美人洞」名其棲息之所。

二、烏鬼洞

烏鬼洞位於本鄉西北側（天福村）海岸，為珊珊礁隆起所形成的石灰岩洞穴。其景點因珊瑚礁岩的排列而產生不同的空間，也使海崖、岩洞、海景在視覺上，隨之千變萬化。烏鬼洞風景區有八景：浩然亭、甘泉、扶搖直上、怡橋、海仙祠、冽池、幽情谷、史蹟館等。此外，區內植物景觀十分豐富，除了岩石上有稜果榕、長柄菊、銀合歡、林投、血桐、小紅珠仔等植物外，步道沿線還有牛膝、馬纓丹、蝶豆、姬牽牛、雙輪瓜、臺灣海棗、大麻黃、沿階草、臭娘子、黃槿、苦林盤、大萼旋花、三葉崖爬藤、雀榕、蘆利草、葉下珠、草海桐、榕樹、黃鵪葉、白樹仔、以及瓊麻等。

烏鬼洞名稱的由來，較可信的說法為：1636 年 4 月 26 日，荷蘭駐臺長官第三度派兵攻擊本鄉，登陸紮營後，本鄉原住民西拉雅族人就躲藏於一大洞窟中，荷蘭人以煙燻之，除四十二人出洞外，其餘三百多人全數死亡，後人乃以「烏鬼洞」名該洞窟。

目前洞旁在 1975 年由前鄉長洪江城開闢觀光後，為表示對亡魂的尊重，洞旁的簡陋石碑及金爐在 2003 年由現任鄉長洪義詳翻新且 2004 年設置完成刻有「烏鬼洞主」石碑供民眾祭拜，本福村鄉民也定期在清明節、中元節及農曆除夕前往祭拜，祈求民安。

三、觀日公園

觀日公園位於本鄉東南方的臺地，涵蓋大福村及部分的南福村。由於海拔高度在 70 至 80 公尺之間，且地處東圩斷崖之上，地

勢高峻，視野遼闊。站立臺上，東面可眺望臺灣本島；東南能極目恆春半島。

區內南福村厚石的北側尖山山頂稜線上，矗立著一座建於日據時期昭和 4 年（1929 年）1 月 14 日的國際性燈塔。該燈塔由當時的高雄州水產會所興建，總工程費為 10003 元。整座燈塔為混凝土構造，外觀呈圓形，與恆春鵝鑾鼻燈塔一樣，具備有指引南臺灣海峽及巴士海峽夜間航行船隻的功能。因塔身通白，人稱「白燈塔」，僅頂罩為黑色而已。

白塔高約 10 公尺，海面至塔頂有 88 公尺，每 2.21 秒閃光一次，為第四等閃光，光度射程可達 20 浬（約 37 公里），其精確方位在北緯 22 度 19 分 48 秒，東經 120 度 21 分 55 秒。

四、花瓶（矸）石

花瓶石位於本福村北部的白沙尾海灘（靈山寺下附近），高有丈餘，係磨菇岩石的一種。在海水不斷沖擊下，逐漸形成上寬下削之狀，加以頂上奇花異草叢生，且底部伸入海中，整體觀之，頂闊頸細，猶如花草插於花瓶（矸）之內，故名「花瓶石」。因其維妙維肖，又屹立於海岸，早為本鄉的重要地標。

五、山豬溝

山豬溝位於杉板澳口的左上端，為斷崖所形成，怪石交錯起伏，形勢險峻，深達數丈，曲徑迂迴四百公尺，溝內苔荊棘遍布，花草其間，原始風味十足。據說山豬溝因往昔有山豬出沒而得名。又另有傳說：遠古時有一隻山豬精在此修煉，數百年後，已能幻化

人形。有一天，天上仙女下凡，沐浴於海邊，衣衫就放置在岸上，正好被山豬精發現了，便暗地偷走仙女的衣衫，仙女沐浴完畢，找不到衣裳，無法升天，只隱躲在林中哭泣。於是山豬精趁機脅迫求婚；仙女假意應允，待取回衣服，穿好後立即升天而去。從此，山豬精終日嚎啕，最後鬱憤而死，後人乃將該山溝稱為「山豬溝」。

六、倩女臺

倩女臺位於大福村西南海岸約 10 公尺處，由兩塊屹立且緊臨的巨大珊瑚礁石灰岩所形成，其頂端各長有一棵榕樹，枝椏相連，糾結纏遶，似濃情蜜意的纏綿。唯環島公路開闢時，從中穿過，近海礁石被切割，現今僅餘 4 公尺左右，甚為可惜。

倩女臺的由來，傳說淒美感人。相傳明末清初，此地僅見幾處竹籬茅舍，稀疏散居，尚無聚落。附近有一青年名叫阿火者，與鄰家女阿花情投意合，互訂白頭盟約。阿火打漁維生，某日出海遭遇暴風，不幸罹難海上，阿花聞訊，痛不欲生。但悲痛之餘，阿花猶不肯接受事實，無論白天或夜晚，均佇立於此，遠眺大海，期待阿火平安歸來，唯日復一日，良人依舊身影杳絕，阿花終於淚竭而死。嗣後，這兩塊岩石頂上竟各長出一棵榕樹，枝幹互抱，象徵阿火與阿花的恩愛，後人感於阿花的貞烈，於是將該岩石命名為「倩女臺」。

七、龍蝦洞

龍蝦洞位於漁福村的東側，距離白沙尾僅有 1 公里，係隆起珊瑚礁所形成的石灰岩海岸，因昔日區內有一盛產龍蝦的洞穴，所以

得此名。該洞洞口狹小，洞口朝天，洞穴曲折通海，每當海澎湃，衝擊洞底，浪花無數，潮聲如吼，加以怪石嶙峋，甚是壯觀。

八、杉福生態廊道

　　杉福生態廊道於 2003 年新建完成長 600 公尺，縣府就貼著小琉球的杉福港邊闢建，大量採用木結構建設的步道設施，在視野開闊處建有涼亭設施方便遊客觀看海景及欣賞小琉球美麗的夕照，而杉福港區夏日亦是遊客戲水去處，退潮後的海岸潮間，則是認識海洋生物的好景點。

九、靈山寺

　　靈山寺位於本福村北端的山崖上〔花瓶（矸）石東南側〕，該寺興建於民國 49（1960）年 6 月間，直至 1963 年農曆 10 月 3 日始告完成。背山面海，依山建有三層寺廟，前殿「代天府」、中殿「靈山寺」、後殿為「靈霄寶殿」，係目前本鄉廟宇最宏偉壯觀者之一。

　　登臨該寺，海天蒼茫之餘，又可收攬大武山、鳳山、鼓山的景致；近晚時分，雲霞變幻，漁火點點，琉球之美，無以名狀。

十、碧雲寺

　　碧雲寺位於大福村，就是大寮莊山頂，地處上福村與大福村之間，恰當本鄉的中心。該寺原名「觀音亭」，係由福建泉州府氏田

深，於清乾隆元年（1736）捐地而建的草廟，因傳說乃觀音菩薩托夢而建，所以主祀觀音佛祖。

乾隆 59 年（1794），以草廟損毀且地處低漥，遂改建於澳山頂。光緒 3 年（1877）9 月，再改建為瓦廟於今址，同年年底竣工，而觀音亭也改稱「碧雲寺」，沿用至今。

該寺山腳下，就是當初的「觀音亭」興建處，有一小池泉水，鄉人名為「龍目水」，咸信其乃觀音嬤坐鎮──「蟳仔穴」。儘管出泉量不大，池水猶如螃蟹吐水似的，四時不絕。在沒有自來水的年代裡，每遇井水枯竭的乾旱季節，該泉利澤鄉民無數。

碧雲寺係本鄉鄉民心靈安頓與宗教信仰中心，每年農曆 2 月 19 日的「觀音嬤」聖誕祭典，是小琉球三年一科的「迎王」活動以外，另一個重要的宗教活動。在文化情感上，該寺已然成為鄉民代代傳承且凝聚向心力的精神象徵。

十一、三隆宮

三隆宮位於本福村的心臟地帶，宮內供奉俗稱「三府千歲」的池府、吳府、朱府等三姓王爺。其王爺神祇來自福建泉州，係由鯉城陳明山氏攜香火來廟鄉供奉者。三隆宮與碧雲寺，同為本鄉鄉民的信仰中心，只是其創建的確切年代已無可考，僅能因本福村的開拓肇始於乾隆初葉，而據以推論當在乾隆年間，最早的廟址在碧雲寺北側山坳。

乾隆 50 年（1785），該宮改建瓦廟後，稱「王爺廟」。1948 年，鄉民集資拓寬廟庭，竣工入廟，於鎮座之時，「王爺廟」乃正名為「三隆宮」。該宮為本鄉三年一科「迎王祭」的中樞，

與碧雲寺同屬全鄉共有、共祀的「公廟」，是琉球鄉民兩大精神支柱之一。該宮擁有寬廣的廟埕，除了三年一科的迎王盛大祭典，帶來大量的人潮外，廟埕前方也是遠眺本鄉北部的良好觀景點。

十二、蔡家古厝

　　位於杉福村復興路側坡下（鄰近一心橋）的蔡家古厝，建於清光緒年間，距今百餘年，開基祖為蔡鵠。蔡氏生於清咸豐4年（1854）8月15日，原居白沙尾，因信仰基督教而與來本鄉傳教的英國傳教士友善，其後該傳教士乃為蔡氏擇定杉板路現址以營建新屋，宅第落成後，蔡氏於是由白沙尾遷至杉福村現址。

　　蔡鵠原為雜貨商，以造酒為業，明治45年（1912年）6月1日，擔任琉球區長，大正7年（1918年）4月11日去世。蔡氏有三子、五女，長子蔡息過繼邱燦，次子（後改為長子）蔡送、三子（後改為次子）蔡天惠、三女蔡葡萄、四女蔡忍、五女蔡不愛、六女蔡拾爵、七女蔡網肚。

　　古厝面杉板路海，採兩段式階梯墊高地勢，外圍並築有硓𥑮砌成的牆廓，雖已斑駁殘破，然富豪氣勢依稀可見。主屋兩側各有廂房兩間；前庭右方橫排有三房，惟久無人居，蔓草雜生，空地且成菜圃；左邊廂房已拆除新建，古意盡失。

　　早在30多年前，古厝家族即已陸續遷居鹽埔、東港、高雄等地，而最後的蔡媽超一戶，也於20多年前遷出古厝，另行卜居復興路21－6號，就是古厝的後側。

第五節　自然生態與景觀的特色在語文教學上的展望

　　近年來社會受到許多外來文化的衝擊，傳統的教育體系及其教育方式受到了社會大眾前所未有的衝擊及批判，為了因應這樣的衝擊，滿足社會大眾和教育本身求進步的需求，在教學的改革上教學者必須扮演積極改變的角色，雖不求十全十美，但也務求竭盡所能的盡善盡美。雖然對於教學者似乎是個嚴苛的要求，但舉凡社會大眾在面對自身的工作莫不如是，更何況學校教育的教學者在社會上往往更具有社會地位上士子的角色，這是傳統士農工商的概念下不可動搖的社會地位所必須具有的職責。

　　有鑑於此，學校傳統的課程也作了必要的修正與改變，其中鄉土文化教學的興起更是如火如荼的發展著。但鄉土文化教學正式設科之後，教學者首先面對的就是宛如白紙般的課程結構，好不容易將課程大綱、內容結構及教學內容發展完畢之後，卻面臨了另一個更重大的問題——課程的延續，如果不針對課程內容設計延續的課程，那鄉土文化教學會流於體育、美勞課相同的遭遇，隨時被捨棄，也就是即當面臨到學校內或是學校外考試的時候，這樣的科目往往會被捨棄並被國語、數學等主科目的複習所取代。或許在一到六年級的國民小學階段還看不出來，但是到了七到九年的時候就會很明顯的呈現出這樣的窘境，畢竟現今臺灣的社會環境還是比較重視國英數等學科遠大於健體藝文等科目。為了不讓鄉土文化教學流於邊緣化或是不被重視，那相關的延續課程就愈發顯的重要了。其中以近兩年最受重視的語文教學裡的作文教學為最好的延續發展。

　　根據國民小學鄉土教學活動課程標準的規定，鄉土教學活動的總目標有四條：

一、增進對鄉土歷史、地理、自然、語言和藝術等的認識，並培養保存、傳遞及創新的觀念。

二、培養對鄉土活動的興趣以及欣賞的能力，激發愛鄉情操。

三、養成對鄉土問題主動觀察、探究、思考及解決的能力。

四、培養對各族文化的尊重、以開闊胸襟與視野，並增進社會和諧。

　　本章節將要處理的，就是將小琉球鄉土文化教學內教授的自然景觀環境融入語文教學活動，首先將配合教育部發展九年一貫課程在本學年度的中心主題——海洋教育為主，先從學校編輯的課程內容，配合作者本身的教學設計所發展出來的語文教學活動進行分析探討。以期對於未來的小琉球鄉土教學在語文教學活動上可以更加落實，提升教學者在語文教學活動上的紮實教學，並激發學習者的創意，提升語文活動的學習成果。

　　有別於一般的戶外教學活動結束後的心得作文，只要可以在行前針對即將要去探訪的景點進行行前教育，讓學習者的舊經驗與教學者的行前教學知識結合，學習者對於戶外教學所參觀的景點，將會有別於單純的「戶外」教學，達到了「戶外教學」的效果。

　　語文教學本身是個可以枯燥也可以活潑的教學活動，而戶外教學之後的心得作文總是讓學習者感到不耐，因為學習者只知道他去了一個平常就可以去的地方，雖然熟悉卻不知道有什麼特別到可以讓他寫一篇作文，對學習者來說，作文最怕的就是不知道該寫什麼。

　　將作文的題目設置在學習者的生活素材裡，雖然貼近學習者的生活經驗，但也會因為人過於貼近，而成為「最熟悉的陌生人」。因此教學者在行前教學上的知識傳授、特色講解以及生態標記非常重要，這樣的小舉動加上在戶外教學的當下教學者不斷的提醒，學習者會發現他隨手就可以取得「材料」，自然就會降低對於作文的困擾，甚至可以發展出後續的景點解說員、景點解說手冊等延伸語文活動，而這些活動不但可以提升學習者對語文活動，更因為這樣的語文活動讓學習者又進一步的深入瞭解了自己生活、成長的小琉球，而增加了對小琉球的鄉土認同，強化熱愛小琉球的鄉土意識，這樣語文教學就可以和鄉土教學結合，達到了提升語文能力、強化鄉土意識的功能，而九年一貫跨領域的精神也就理所當然的實現了。

第四章

小琉球風俗民情的特色

第一節　地名由來及其演變

　　小琉球的相關文獻在民國 37 年（1948），日本考古學者今關丈夫與國分直一等人在番仔厝（天福村）與大寮地區（大福村）兩處遺址進行挖掘工作，從其挖掘出的證物顯示，早在數千年以前就已經有人在琉球這個珊瑚礁島上活動了。小琉球古稱沙瑪磯（劉克竑，1993），此一命名起源和當地生活的平埔族有關。在明朝萬曆末年，荷蘭人佔領臺灣後設市，而人們就將小琉球命稱轉名為臺灣南部沙瑪磯（吳振乾等，1998）。然而根據洪敏麟對於「沙瑪磯」的地名根源定義，應該是個向海延伸的陸地，小琉球只是個海上的島嶼，與這個名稱的定義不相符合，所以有關小琉球古地名稱為「沙瑪磯」的說法應該是以訛傳訛。（林澤田，2006）

　　在元史的記載之中，臺灣與沖繩列島合稱琉球或嵧球、琉求。到了明朝才改稱沖繩列島為大琉球，臺灣為小琉球。明朝萬曆之後，伴隨著鄭和七下南洋的航海技術發展，當時的人們不但航海知識與日俱增，就連地理常識也大大的提升，逐漸明白臺灣的面積遠比沖繩列島來的大，稱臺灣為「小琉球」並不合理。換句話說，在明朝萬曆年間之前，小琉球還是個沒有中國名字的小島嶼。在這之

後，經歷了明朝、清朝兩個朝代的政權，臺灣倒也經歷了荷領時期、明鄭和清朝三個時期的統治，逐漸確認的「臺灣」的地名，此時「小琉球」的名稱也就順勢讓小琉球承襲沿用，這就是小琉球地名的由來。（林澤田，2006）

　　現今小琉球共有上福村、大福村、中福村、天福村、本福村、杉福村、南福村以及漁福村共八個村，村子的地名畫分沒有什麼特殊的故事或是涵義，只是單純的行政區域的畫分，就像是高雄市的一心、二聖到十全路的命名一樣，單純就是行政區域上的畫分，不具有太大的涵義。

　　小琉球的演變大致上可以和臺灣本島搭配畫分成荷領、明鄭和滿清三個時期：

一、荷領時期

　　在明朝萬曆四十七年（1619）之前，琉球嶼上住了大約四百多名希拉雅族先民，當時中國沿海一代的居民大量的往外移民，其中在試圖進入小琉球時有百餘名華人慘遭殺害（吳福蓮，1993），接著在明朝天啟二年（1622），荷蘭帆船「金獅子號」因避風暫時停泊在小琉球岸邊，有幾名船員為了取水上岸卻一去不返，遭到當地土著居民殺害，因此荷蘭人當時將小琉球命名為「金獅子島」（Goude Leeuws Evland），用來紀念這一次的事件，此時也種下了後來荷蘭人殲滅小琉球的導火線。（曹永和等，1995）

　　此後荷蘭於明崇禎六年（1632）、崇禎九年（1636）及崇禎十七年（1644）多次入侵小琉球，總計在 1636 到 1639 年間多次入侵小琉球，俘虜六百九十七人，殺了四百零五人，共計一千一百零二

人。生還者中有一百九十一人發配至巴達維亞（雅加達）充作奴隸，四百八十二人安置在新港社。往後荷蘭人依舊持續搜捕島上居民，直到 1644 年最後十五名島民送至臺灣時，小琉球的先住民可以說是完全消失了。（吳密察，1988）根據李宗信（2004）的歸納，荷蘭人一共進犯了小琉球六次，如表 4-1-1 所示：

表 4-1-1　荷蘭入侵小琉球過程

次數	時間 （年/月/日）	經過概述
第一次	1633.11.12	偕同新港人與蕭壠人前往征伐，焚燒村莊，燒死很多豬。
第二次	1636.4.21	焚燒村莊，射死三人，最後因缺水而撤退。
第三次	1636.4.26	80 名放索社人及約 80 名新港人一同屠殺躲在洞穴裡的小琉球先住民約二百至三百人，其中大多為婦孺。
第四次	1636.7.7	聯合新港、蕭壠、麻豆、目加溜灣、放索、塔加里楊及 Dolatock 人，殺死三十人，俘虜一人。
第五次	1636.9.14	聯合放索社九十人，共俘虜約一百人。
第六次	1640.12.27	擄獲三十八人，全數送至巴達維亞。

資料來源：李宗信，2004。

二、明鄭時期

在荷蘭人殲滅小琉球的平埔先民之後，漢人開始進入小琉球開墾，其主要目的為經濟考量，並非為了在小琉球落地生根。因此，在鄭成功即將攻打臺灣之際，荷蘭人唯恐小琉球的漢人和鄭成功暗渡陳倉，曾經要求打狗和小琉球等地區的漢人即刻遷回普羅民遮

城，但成效並不好。並在戰爭爆發之後，許多漢人從熱蘭遮城舉家逃亡，此時有一部分漢人就此渡航到小琉球，此時荷蘭人從巴達維亞前來的援軍也曾經命令隨行的十五名漢人登上小琉球。因此，因為戰爭而登陸小琉球的漢人，很有可能就是小琉球上的第一代移民。（李宗信，2004）

在明鄭王朝的統治之下，曾經有閩人徐、洪、王、蔡、李、白、潘等七姓藉地緣之便移入小琉球，但是整體而言，明鄭王朝受限於人力的關係，實施兵屯制度，大致上的開發地區仍然以現在的臺南為中心，當時的下淡水溪（高屏溪）還是屬於毒惡瘴地，不適合居住，除東港、新園、萬丹以外，整個屏東平原都是番社。

三、滿清統治

1644 年滿清入主中原，沿海各省居民為了躲避戰爭遷居臺灣的人數很多，其中有一部分住在小琉球。康熙年間朱一貴起兵對抗滿清政府，小琉球也有居民響應，因此在康熙六十年（1721）平定朱一貴事件之後，用偵緝餘孽的名義，將小琉球連同卑南覓、琅喬等地列為禁地。這個渡海禁例在乾隆年間達到鼎盛時期，這時候的小琉球可以說是幾乎沒有人居住，一直到嘉慶年間中國內陸因為人口壓力的關係，沿海居民再次大舉移居海外的移民潮再起，開始有人因此再次登上小琉球謀生，小琉球沒有人居住的情況才開始改善。

儘管如此，小琉球先民早就留下移墾的紀錄。在陳文篡的《琉球嶼開拓史略》中就曾經提到，早在雍正年間就有泉州府的田深氏從杉板路上岸，並在今天本福村的地區居住，以牧羊維生。而在正史的部分，根據《屏東縣志》卷二〈人民志〉中的記載，福建省泉

州府同安縣的李月老族人在乾隆二十年（1756）時首先發現小琉球，並因為此地適合人居住而舉家遷居至此，這是在滿清時期正史上關於小琉球的居民上最早的紀錄。一直到清同治三年（1864），滿清在臺灣設置臺灣府，這個時候開始派兵進駐小琉球白沙尾澳，到了清光緒元年（1875）進行開山撫番之後，小琉球才正式納入鳳山縣治之下，然後在光緒十一年（1886）臺灣建省，當時的小琉球和現在的新園鄉合稱「琉球新園里」。

爾後由於滿清和日本簽訂馬關條約，臺灣遭到割讓，小琉球也在這時候被日本統治。日本統治初期沿襲清代制度，直到明治三十四年（1901）改名阿猴廳東港支廳琉球庄役場，直到大正十五年（民國 15 年，1926）小琉球又再度改名為高雄州東港郡琉球庄，一直沿用到民國 34 年（1945）臺灣光復，小琉球再度更改行政隸屬，更名為高雄縣東港區署琉球鄉，民國 35 年（1946）小琉球正式成立鄉公所，民國 39 年（1950）「臺灣省各縣市行政區域調整方案」公布實施小縣制，小琉球自此歸屬屏東縣，正式更名為屏東縣琉球鄉。

第二節　漁村生活與交通

說到漁村生活，腦海中就浮現這麼一個場景：黃土路旁有許多低矮的紅瓦房，瓦房旁的空地上立起了幾跟竹竿，披曬在竹竿上的是早上才剛補好的漁網，早晨 10 點的太陽正慵懶的曬在蜷起身體趴在紅瓦屋頂的小花貓身上，微微的海風吹來帶點鹹味，遠方從海岸邊正三三兩兩走回家的漁人，爽朗的笑聲和著魚獲的沉重拍

打聲，和那魚市場上此起彼落的叫賣聲，由遠而近的揚起了生命的活力。

　　如今的小琉球雖然低矮的紅瓦房正在逐漸消失，取而代之的是那一棟棟兩、三層樓高的鋼筋水泥建築，路旁曬漁網的空地，因為快速發展的觀光業而矗立起一棟又一棟的民宿。日漸萎縮的市場，從整片空地的吆喝聲慢慢的移到馬路兩旁的小攤販，小琉球的漁業市場正在慢慢的縮減，居民生計的來源不再只是依賴漁獲，也不需再離家前往海的那一端的東港或是遠方的高雄、臺南、臺北去工作，只要在小琉球用心經營觀光相關的產業就足以謀生。這是近十年來小琉球的改變。

　　在第二章第二節曾經提到過，小琉球本身有四所國小一所國中，因此在國民義務教育的階段中並不需要擔心學齡兒童的學習受到任何影響；加上最近這些年來家長越來越重視小朋友的學習，有一些在外面學成返家的人才也返鄉開啟了兒童才藝補習的風潮，因此小琉球的學習環境可以說是越來越完善了。

　　越來越多的外在條件改善了小琉球的生活環境，也大大提高了許多年輕的小琉球男女在成家之後留在小琉球工作的意願；加上琉球鄉公所和鄰近的大鵬灣國家風景區的積極規畫發展之下，小琉球的商業活動受到觀光業的影響逐漸蓬勃發展，小琉球自 2000 年畫入交通部觀光局大鵬灣國家風景區管理處轄區範圍內，定位為「琉球風景特定區」。爾後鵬管處馬上開始一連串的資源調查、硬體整建、據點開發、社區發展、規畫調查以及辦理行銷活動，吸引更多的觀光客前來小琉球消費。小琉球人民的生活不再只是依靠捕魚過生活，現在只要從觀光港上岸，大眾爺廟的廣場前方呈現在眼前的，就是一條商業活動熱絡的街道，大量的觀光客湧進小琉球，不

但替小琉球帶來了人潮，也帶來了錢潮。唯一要注意的就是在發展觀光之餘，能否注意到小琉球的整體自然環境的維護，這點仍然需要相關單位和小琉球的居民以及遊客共同來維持。

　　至於在交通方面，可以分成陸海空三個部分來說明，概略上來說小琉球四面環海，因此對外的交通聯絡一直以來都是依靠海運，目前的小琉球對外的通聯港口有兩座：一座位於白沙尾漁港的觀光港；一座是在大福村的大福漁港。小琉球的運輸以白沙尾的觀光港作為中心向全島延伸，構成一個便利的交通網。小琉球的在地交通還有一個很重要的特色，整個環島公路長達 12.5 公里完全看不到紅綠燈。換句話說，在小琉球是看不到紅綠燈的，整個鄉完全沒有交通號誌，這算是臺灣地區少見的奇觀。小琉球也曾經有過空運，可惜已經停航很久了。

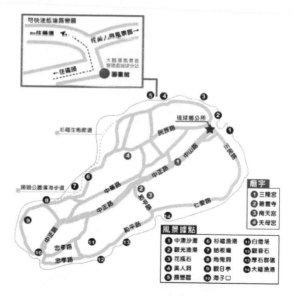

圖 4-2-1　小琉球環島路線圖

資料來源：琉球鄉公所網站，2009。

　　海運一直以來都是小琉球重要的對外交通要道，因為小琉球本身的物資相較於臺灣地區是較為貧乏的，因此所有的物資的補充都仰賴從臺灣本島大量的運輸過來，而早期的運送工具大多仰賴漁船或是帆船，可是一旦遇到颱風季節或是雨季港口河水暴漲的時期，交通往往會因為海浪過大而受阻。

　　最早在日本統治時期昭和 12 年（民國 26 年，1937），在日本庄長——儀間正良的招募之下，和民間人士李西炮共同發起官民集資，建造 40 馬力（30 噸）的自動機船「琉球丸」供作琉球、東港間的載客載貨用船。可惜該船在四年後因為西南氣流的影響在東港碼頭沉沒，隨後建造另一艘「日勝丸」接替營運，但在四年後又因為二次世界大戰遭到盟軍炸毀，此後一直到民國 38 年（1949）由大福村的村民洪平獨資建造「清吉號」作為對外的交通船，但是該船在隔年脫錨漂流失蹤後，由琉球鄉民眾集資合造「飛馬」、「眾益」、「競強」、「眾信」四艘船為正式交通船，投入載客運貨服務。民國 71 年（1982）「觀光號」加入營運團隊，至此小琉球對外交通暫時獲得紓解（目前營運的五艘船為「飛馬」、「光輝」、「眾益」、「東信」、「東昇」）。

　　後來因為民營的五艘交通船壟斷了小琉球對外的交通，所以在搭乘的船票上小琉球的居民完全沒有議價的空間，其票價完全比照觀光客購買。以現今的票價舉例，觀光客前來小琉球成人來回票的票價是 420 元新臺幣，這樣的價錢對偶爾前來小琉球觀光的遊客而言沒有什麼，但是對於常常需要前往臺灣本島補充民生物資的小琉球居民來說，一趟要價 420 元就真的令人吃不消了，因此在民國 82 年（1993）李登輝總統巡視小琉球時，體恤小琉球居民不方便，因此指示補助建造公營交通船：琉興有限公司，並

建造「欣泰號」嘉惠琉球鄉居民；後來因為供給不敷需求，才又建造了第二艘「吉祥如意號」，並在民國92年（2003）年開始載客。並且提供琉球鄉在地居民及公家機關工作者60元的優惠票價，因此吸引了眾多的民眾前往搭乘，對民營業者的營運產生了極大的衝擊。

有了公船的競爭，民營業者只好把票價降下來爭取客源，因此從比照觀光客的單趟240元降至60元一趟。後來因為石油價格飆漲，才從60元提高到100元，雖然價錢提高引起不少的民眾反感，但是比起觀光客的240元，也算是相當優惠了。

相較於海運的發達，空運就顯得相當的落後，島上昔日曾開闢一個小型飛機場，位於現今花瓶石西南方，是一片廣大的曠野，沒有其他的設備也沒有飛機的起降，民國53年（1964）由職訓總隊以人工將現有的場地闢建成長一公里寬50公尺簡陋草坪式停機跑道及兩座直昇機停機坪，沒有夜間照明設備，雖然有臺灣航空曾經營運過一段時間，但是因為收費上有所爭議加上營運不佳，於是在營運一年後就停航了。後來因為年久欠缺維護，草木叢生，現在已經不堪使用了。

陸運的部分，從民國62年到64年（1973～1975）年間修建了完整的環島公路網之後，整個小琉球的陸上交通運輸就可以說是暢行無礙；加上近二十年來臺灣的經濟起飛，機車業者發展迅速，小琉球的居民可以說是家家戶戶都有機車可騎，在陸上運輸大多仰賴機車。雖然公車每趟僅僅需要10元，65歲以上老人更是免費搭乘，但是因為受到班次的限制，加上環島公路興建完畢，機車的高普及率，所以搭乘公車的人數較少。

第三節　宗教信仰與民俗活動

　　小琉球的宗教信仰也相當開放，除了傳統的佛教、道教之外，還有臺灣地區相當盛行的鸞堂信仰。而在以上的本土信仰之外，還有基督教也有在小琉球建置教堂傳教，但是在信眾的人數上還是以本土的佛道信仰人口較多。

　　先前提到小琉球的廟宇系統可以分成五個層級，其中最高的層級莫過於公廟。小琉球的公廟為祭祀二王爺池王爺、三王爺吳王爺、四王爺朱王爺的三隆宮和觀音佛祖的碧雲寺，而公廟之下就是位在四個角頭的角頭廟，也就是土地公廟。而在第三位階的是庄廟，也就是每個庄頭共祀的廟宇，例如漁福村的池隆宮、天福村的五池宮、大福村的代天宮等。而這些庄廟也就是小琉球最重要的民俗活動——每三年一科的王船祭當中的主力，由各庄頭廟宇統合各庄頭人力，進而由四個角頭的土地公廟宇領導，以三隆宮為首、碧雲寺為輔的陣仗進行王船祭。

　　臺灣最早有關「王船」的記載是康熙 56 年（1717）周鍾瑄所修的《諸羅縣志》，在該志卷 8 的〈風俗志〉裡的漢俗、雜俗提到：

> 斂金造船，器用幣帛服食悉備，招巫設壇，名曰王醮，三歲一舉，以送瘟王。醮畢，盛席演戲，執事儼恪跪進酒食。既畢，乃送船入水，順流揚帆以去；或泊其岸，則其鄉多屬，畢更禳之。相傳昔有荷蘭人夜遇船於海洋，疑為賊艘，舉炮攻擊，往來閃爍。至天明，望見滿船皆紙糊神像，眾大駭，不數日，疫死過半。近年有興船而焚諸水次者，伐木以竹，

> 五采紙褙而飾之，每一醮動費數百金，少亦中人數倍之產，
> 雖窮鄉僻壤，莫敢惜者。

（周鍾瑄，1717）

「送王船」習俗的產生，在陳文達編撰的《臺灣縣志》裡有提到：

> ……十餘年以前，船皆製造，風蓬、桅、舵畢備。醮畢，送至大海，然後駕小船回來，近年易木以竹，用紙製成，物用皆同。醮畢，抬至水涯焚畢。

（陳文達，1720）

至於小琉球的「迎王」已經有百餘年的歷史，但是王船信仰則一直遲至民國 60 年（1971）前後才形成。最早是漁福村的池隆宮，再接著的是本福村的水仙宮和大福村的華山代天宮，但是因為庄廟和私人祭祀的王船信仰都只是祭祀而不送神，所以一直都無法形成系列性的王船活動；而小琉球目前主流的三隆宮王船信仰則是一直到民國 71 年（1982）建造王船之後才成形。

小琉球的王船信仰是屬於「東港溪流域系統」（蔡相輝，1984）在民國 41 年（1952）以前，小琉球的迎王與東港的東隆宮合併舉行，但因為後來小琉球的香陣不受東港人的重視，就在民國 41 年退出東隆宮所舉行的迎王活動，改成自行舉辦。

三隆宮的「迎王」最初由該科的主事領隊，前往臺南南鯤鯓代天府進香請旨，剛開始僅舉行兩天，然後逐漸演變成四天、五天，最後才定形成現在的七天。在民國 71 年「壬戌科」以前，「迎王」

只是單純的遶境活動，還沒有「送王船」的習俗，而且四個角頭的土地公廟還必須輪流當香陣的「先鋒」，並且指派報差官。同時迎王的香陣或王船遶境隊伍在經過角頭土地公廟時，也必須稍作停留。到了民國86年（1997）「丁丑科」開始，王爺更神示土地公廟作為「府衙」[1]，接受小琉球的民眾事前預約，為鄉民審理和解決「大事」[2]。

小琉球的迎王儀式，大致上可以分成八個階段：

一、籌備階段

在該科年的年初進入籌備階段，首先由「大總理」總攬其事，總幹事、秘書編制下有副總理、理事、參事、八位村長、各寺廟負責人、地方士紳共同組成「琉球鄉三隆宮○○科巡祭典委員會」。而最主要的工作，就是建造王船以及恭請代天巡狩的先鋒部隊「中軍府」的降臨。

二、建造王船

大部分是在該科年的農曆年過後，最慢在農曆的三月要建造完畢，王船的長度大約是一丈，以魚蝦等海鮮作為船體彩繪，有祈求魚產豐收的意思。王船建造完成之後，會放置在「王船寮」中供民眾參拜，一直要到迎王的最後一天才會「出寮」安座於三隆宮王府之前。

---

[1]　古時候的官府，有點類似現在的警察局，捉辦刑犯之用。

[2]　此大事指的是無法用科學或是醫學常理解決判斷的事情，或是提供家屬尋找失蹤人丁的線索。

三、王醮法會

早期旨在「請王」前作一天的醮，最近幾年才開始增加到「三朝法會」，而且一定要在「請王」之前辦理完畢。在「送王船」當天夜裡王船火化之前，要舉行「拍船醮」[3]，替王船「開水路」。

四、海口海巡

王醮法會的隔天，就正式的進入王船祭典。首先登場的就是「港口海巡」，由三隆宮的三府千歲偕同碧雲寺觀音佛祖成船遶島一週，用意在巡王駕臨前為小琉球整個海域所有的港口及漁船驅掃陰霾，祈求賜福保佑漁船出海可以平安而且滿載而歸。

五、請水過火

「請水」就是到水邊迎請值歲巡王降臨之意，正稱應作「請王」；「請水」地點就是中福村「中澳」城隍廟右前方的海灘。儀式由科巡大總理率領主事及神轎隊伍主導，當神轎「請輦」[4]時，轎班就將神轎扛到「請王臺」下，以「降筆報姓」的方式由頭筆登臺「報銜駕」，就在舖滿檀香的案桌上寫下本科代巡王爺的姓。倘若所寫的與掀開來的姓氏（由大總理掀開密函）一致，則表示已請到

---

[3]　就是王船法會的意思。
[4]　就是起乩的意思，表示神靈降駕在神轎上。

本科代天巡狩的王爺駕臨，隨即鳴炮恭迎。代天巡狩王爺駕臨後，立即拔回三隆宮待機（過火）儀式，以求五行相生。嗣後恭請代天巡狩王爺入大殿擺設的八王位安座（三府千歲則讓至先鋒府），此時就表示值歲巡王正式進駐本鄉。

六、迎王出巡（第一天至第四天）

出巡就是遶境的意思，也就是整個迎王平安祭典的主軸，前後四天，上六時集合，七時三十分出發，大千歲聖駕最晚於下午十二時入廟。除了碧雲寺與四個角頭的土地公廟是當然參加者外，其餘的庄廟或私廟，則採報名參加，每科大約有四十座廟宇參加。陣頭結構除報馬仔外，大抵是先鋒陣、主神陣（千歲王爺）、鬧熱陣、參加神轎陣，最後為代天巡狩陣的模式。陣頭方面較特殊的有三隆宮的頭筆隊、宋江陣、幸山寺的十三太保陣、水仙宮的五毒大神陣、靈山寺的八家將與十八班頭，以及瑤池宮的獅陣和朝天宮的大鼓陣等。祀王宴王（第一天至第五天）據清誌記載，迎王建醮必定設宴祀王，當王駕蒞境安座，早晚各祀王一次，直到送王為止。祀王所進獻駕的食品有糕品、茶、水果、水煙，也有臺灣特產檳榔。儀式在悠揚的古樂中進行，每項食物一一由大總理進獻，藉莊嚴的儒門禮儀，來表達鄉民對代天巡狩千歲爺的尊崇與信賴，以祈神佑賜福。自王駕駐蹕琉球，早晚都以素筵祀王，送王當夜子時，代天府殿內大設宴席，滿漢全席的菜餚一一陳列，由大總理率領副總理、理事、參事，代表全鄉崇聖之意。時殿內燭火高照，沉香裊遶、笙樂揚起，內司將各式菜餚轉遞大總理，呈請千歲享筵，府內氣氛如誌書所載：「……執事嚴格，跪進酒食。」

表 4-3-1　出巡日程表

天數	巡境方位	舊地名	現在的地名
第一天	東南角頭	大寮	大福村
第二天	西南角頭	天臺	南福村、天福村
第三天	西北角頭	杉板路	上福村、杉福村
第四天	東北角頭	白沙尾	本福村、中福村、漁福村

資料來源：王添正等，2008。

七、遷船遶境（第五天）

倘若與「港口出巡」相對，此乃「王船陸巡」之意。在迎王最後一天的清晨，王船就出寮安座於王府前。遷船遶境的目的，除「添載」外，還有所謂收瘟的意涵存在；「添載」有兩個對象，一是信徒給王船的添載，一是王船替漁船的添載。當王船巡經港口時，港內大小漁船必掀開艙門灑酒且燃炮歡迎，藉以祈求王爺賜福魚獲滿艙，王船過後，立刻蓋艙關門，以免王船添載的豐收流失。

八、恭送王駕

時間在第五天午夜過後，就是第六天，「遷船遶境」於入夜結束。翌日零時，陣頭集合，先由道士團舉行「拍船醮」科儀，為王船「點艙」（就是開水路）後，啟行出發，直到抵達白沙尾中澳海灘（就是請王之地）。一切就緒隨即恭迎王爺登船，再次由道士開水路後以火焚之，表示已然送走巡王。送駕禮畢，陣頭偃旗息鼓，回三隆宮解散，三年一科的王船祭典至此結束。

　　隔天中午會舉行「平安宴」，一方面慶賀祭典的宮的圓滿，再則慰勞鄉民全程參與的辛勞。三年一科的「迎王」，不論你現在人在何方？位在何處？只要是時間一到，只要你是琉球鄉的居民，就會用盡各種辦法從世界各地的角落趕回小琉球，沒有人會去要求你這麼做，這是你自己會告訴自己：因為我是琉球人，所以我一定要回來。就是這種堅定的信仰，透過這種全琉球鄉民眾齊力參與的方式，創造出了屬於在地的獨特宗教信仰文化，這種別具人文、地理的信仰文化，正是小琉球王船祭最珍貴的地方。

第四節　風俗民情的特色在語文教學上的展望

　　四年級下學期康軒版《國語》第二單元剛好談到民俗風情，第四課「請到我的家鄉來」、第五課「走進蒙古包」、第六課「阿里棒棒飛魚季」、第七課「媽祖遶境行」循序漸進搭配上本章前三節的目次，正好適合作為一個完整的教學設計：讓學習者從第四課「請到我的家鄉來」、第五課「走進蒙古包」的認知發現特色配合本章第一節的地名由來及其演變、第六課「阿里棒棒飛魚季」配合本章第二節漁村生活與交通希望學習者能明白整個儀式的意涵、第七課「媽祖遶境行」配合本章第三節宗教信仰與民俗活動讓孩子可以表達出自己對迎王祭的想法和看法，進而發展出對自己故鄉文化的認同。

　　此外，迎王是三年一科，因此對於四年級小朋友來說，上一科的迎王正好是他們踏入國小一年級的時候，對於他們來說正在進入

語文學習的領域，經過了三年的學習正好進行前測，看看這群學習者對於迎王這樣的鄉土文化有什麼樣的看法和想法。在經過課本的教學之後，搭配相關迎王影片和報章報導，進行說話教學，希望孩子可以講出迎王對於小琉球的意義和文化價值。這就是本節對於風俗民情的特色在語文教學上的第一個展望，可以達到讀、說、寫作中的讀和說。讀，要可以讀出文章中的大意，說要說出文章中所展現出來的特色，再以這個作為基礎，發展到對自己故鄉風俗文化的認同，達到用語文教學養成認同自己故鄉文化的涵養。達成說和讀的發展之後，進而使用迎王這個議題以及對鄉土景觀的認知作為材料，發展材料作文進行語文教學。利用材料作文可以有四個優點：

一、讀寫合一

因為材料作文的設計是把讀和寫結合起來，將理解與表達融為一體，所以具有綜合考察學生閱讀、分析、表達能力的特殊功能。換句話說，材料作文可以說是讀和說的綜合發展，而學生也必須了解所給予的資料，才能進一步正確的審題和發揮。這是一種先讀再寫，藉著對材料的閱讀分析來誘發學習者作出不同角度的思考和分析；更能引導學習者發揮想像力，往更深入的層面去探討鑽研，進而達到對鄉土文化情義上的認同。

二、多元多變

材料作文的材料多元廣泛，不論格言、故事、文章或是情境都可入題，表現的方式也變化多端。這種多元化的選擇組合，隨著社

會的進步將更豐富，還可以防止學習者僵化的套用範文，有效的測驗出學生的表達能力，更進一步的確認語文教學上的成效。

三、評量明確

材料作文所提供的「材料」、「寫作要求」、「題目」等設定，提升了試題的限制性，因此學生不僅要有高度的表達能力，更要有精確的審題能力。這不啻可以準確的考察出學習者的語文程度和聯想擴展的程度。

四、切合實際

由於題目的「材料」都來自於學習者的生活、學習等實際環境；或是人格情操上的表現，這些都比較符合學習者實際的寫作情境。學習者不但可以減少蒐集資料的困難，還可以依據資料從不同的角度去開展，獲得比較大的發揮空間。這樣學習者才有事可寫、有話可說、有理可議。尤其材料作文的命題多樣化，大作文可以考察學生審題、立意、謀篇、布局的功力，小作文可以看出學生記敘、說明、議論的表達能力。

因此，民俗風情在語文教學上的展望，不僅僅是學習者可以達到說、讀、寫的應用，更希望藉此引導出學習者對於鄉土情操的認同，繼而以此為中心點去發展出更多樣性的語文教學成果，不論是小書製作、作文、演講都是可以被期待的發展。

第五章

小琉球的風土人文在語文教學上的應用性

第一節 應用性釋義

　　本章節首先要針對「應用性」一詞做出定義，只有將「應用性」定義完畢，才能將風土人文和語文教學的搭配作出說明。而一開始在全國博碩士論文資訊網上鍵入「應用性」來進行查詢，本想看看是否有學界的前輩針對「應用性」三個字下過什麼定義？可惜的是搜尋的結果令人大失所望。搜尋結果呈現出的含有「應用性」字眼的論文資料大多有三種類別：第一是財金相關的研究論文，大多是探討某些數學式或是金融定義在現今的金融界上的使用狀況；第二是生物科學類的論文，內容大多呈現某些被發現的新規則或是舊規則在生物科學上的使用情形；第三是資訊工程相關的論文，內容是新開發的技術的使用被接受度和普及度。從以上的搜尋結果來看，可見「應用性」這個詞被使用的狀況大多是使用的普遍度和廣泛度。

　　所謂的「應用性」，當著重在「應用」這個詞上。在教育部《重編國語辭典修訂本》的網址上所查詢到的三個意思指的是：一、切合實用；二、支付使用；三、使用。（教育部，2009）但是使用「應用性」三個字查詢時，卻沒有答案。因此，從字面上所得到的答案

可以得知，所謂的「應用性」著重在「實用」和「可使用」。既然是「可使用」和「實用」，那一定是生活中隨手可得的材料，或者是很方便不受任何阻礙沒有任何困難就可以取得的資料、到達的地點景觀。在這裡特指小琉球的風土人文在語文教學上的應用價值。

本章第二節提到離島文化的深根保障搭配語文活動的應用要使用的方法，莫過於在社會課程配合戶外教學讓小朋友進入實際的情景，去感受當地的文化景觀，加上老師在出發前的課前講解，以及在參觀地點的實地解說，配合學習單，讓小朋友返回校園後設計相關的語文活動讓小朋友發表他所看到的、感受到的，達到語文教學中聽、說、讀、寫各個目標，並利用老師講評和授課的機會加深小朋友對自己家鄉文化的認同，達到文化深根的目標。

第三節愛鄉土情懷的昇華憑藉的應用，預計採取的方式就是作品的表達。讓學習者用自己的想法和文字去表達出自己的觀感，因為將自己的感覺訴諸文字圖畫後，學習者對自己所看到的、所想到的、所寫出來的會更加的關心，因此老師只要在作品的評閱之後，適度的提供其他離島地區小朋友的作品，引導學習者去注意，在這種情況下可以很容易就去看到別人注意到而自己忽略的特色，進而去欣賞其他人的作品。有了欣賞作品的基礎心境，便會開始比較自己作品所表達呈現出來的故鄉風貌，對於自己故鄉的感情便可以很容易的達到昇華的目的。

第四節語文素養的應用就是在一次又一次的作品呈現後，讓學習者去知道自己每次的進步，並且使用多元化的作品來呈現，例如舉辦班級解說員競賽、小書製作、作文或是配合社會課程製作我的家鄉簡介之類的作品，並且讓學習者保留所有的作品，在完成每次的新作品之後，重新打開自己的學習檔案再檢視一次舊有的作品，

學習者便可以看到自己的改變與進步；甚至可以引進其他優秀的文學作品，讓學習者可以觀摩欣賞。教學者可以利用上課時間朗讀給學習者聽，甚至舉辦班級內的朗讀競賽，讓學習者在參與欣賞的過程中達到語文素養的成長。

第五節推動離島觀光的契機在語文教育上的應用最理想的，莫過於利用公部門的力量舉辦公開性的文學活動達到廣告和發展觀光的效果，其中著名的莫過於在第一章提到的金門浯島文學獎、馬祖旅遊文學獎和澎湖的菊島文學獎，這些文學獎不但是全國性的徵文競賽，在推行多年之後，只要提到浯島文學獎就會聯想到金門，提到菊島就是澎湖，如果可以透過公部門舉辦一個公開性的文學獎，並使它持續舉辦下去，這會是一個推動小琉球觀光很好的契機。

第二節　離島文化的深根保障

臺灣的離島目前可以獨立成鄉鎮的，除了小琉球之外，就屬臺東的綠島、蘭嶼為全國知名的離島鄉鎮。而小琉球、蘭嶼、綠島三個鄉鎮所面臨到的也是同樣的問題—雖然這些離島的孩子們長大後居住在臺灣各地，有的自小誕生在離島，但是從小就離開家鄉；有的到目前為止除了偶爾隨著大人們前往臺灣本島採購民生物資外都沒有踏出過離島；有的從小到大都生活在都會區，對於和離島的關係僅止於父母親的血統，認為離島是他的故鄉，事實上他可能從未也不曾有過返回離島的想法和念頭。在這種情況之下要如何讓這些孩子們認識這些地方，進一步的去認同這些地方，這一切都必須建構在文化的認同上。

　　因此，在談文化深根保障之前，必須讓學習者認同自己的風土民俗文化，熱愛自己所生長的小琉球。「文化」是一個十分普遍卻又抽象的概念，內涵相當豐富，涵蓋人類社會生活中的一切活動。十九世紀國人類學家 Edward Tylor 對文化下了一則古典性的定義：他認為文化是一複雜的整體，包括知識、信念、藝術、法律、道德、習俗以及任何由社會中的個人，所獲致的立即習慣。（Kroeber, A.L. & Kluckhohn, C.，1952）

　　「文化」同時也是共同意義的特定模式，它受共同的想法及目標指引，決定什麼在社會中是被接受的，以及何者能被全體社會成員所認同；雖然「文化」的定義很多，但內涵通常不離內在意義體系，以及外在可見事物兩個層面。通常具有功能性、被學習、可變動三種特質。（張雅琪，2000）

　　「文化認同」就是在特定文化層面上的情感歸屬傾向（朱全斌，1998），可以分為「個人觀點」與「集體觀點」的文化認同論述。「個人觀點」就是一個人吸收了他所生活的文化系統裡的價值觀和世界觀，因而認同他所生活的文化系統（黃俊傑，2000），也就是社會成員經過文化活動參與過程中，調整自身價值觀與行為，對於文化活動的目標與價值內化於個人心中的一種現象。而「集體觀點」的文化認同，是一種共同體的歸屬感表現；一群人由於分享共同的歷史傳統、習俗規範以及無數集體記憶，從而形成對某一共同體的歸屬感（江宜樺，1998）；成員之間的共同文化是認同的基礎，而這些共同的文化和認同的基礎能將群體成員集合在一起。

　　由以上論述可知，文化認同是指社會成員經過文化活動的參與過程中，對於文化活動的目標與價值內化於個人心中的一種現象，不但能體會文化活動與個人生活關係，並因為與社群成員分享共同

的文化內容，自然而然發生良好的情感與認同歸屬感，而成為個人人格的一部分。這樣的認同感對正在國小階段就讀的學習者而言太過抽象，也太過理想化了，但是在這個時候，學習者對於鄉土文化還懵懵懂懂的時候，培養他們認同理解屬於自己生活環境的草木風景，乃至於人文習俗和建築，卻可以達到事半功倍的效果；也可以讓學習者去珍惜愛護自己的生長環境，認同自己和小琉球是不可分割的一部分，對於將來不管是愛鄉愛土的情懷，或是將這感情昇華，以及把小琉球介紹給自己身邊的人認識為己任，並宣揚倡導愛護自己從小居住的小琉球，並且進而去保護這個全世界極為珍貴的且為臺灣唯一一座的珊瑚礁島。保護為了發展觀光，而飽受人力侵害破壞的潮間帶生態群，那麼此時我們才可以說我們已經將屬於小琉球的離島文化深根，並且期待它的枝葉茂盛、開花結果，讓小琉球的離島文化一代一代的傳承下去。

　　為了達到上述的目的，配合近幾年重新編定的國民中小學教學大綱，我國教育部訂定的九年一貫課程基本理念，目的在於培養具備人本情懷、統整能力、民主素養、鄉土與國際意識，以及進行終身學習的健全國民。其中在鄉土與國際意識方面，包含鄉土情懷這個觀念，便涵蓋文化與生態的層面。而且在第四章提到，在語文領域方面，康軒版四年級下學期的第二個單元，也配合了中年級的社會領域發展分段能力指標，設計了「我的家鄉」的單元配合，為了達成這個目標，在社會學習領域訂出國小階段有關文化學習的分段能力指標中，對於家鄉文化的認知、並且可以觀察出家鄉特色，甚至與其他不同地區作出比較，並且肯定自己家鄉文化的能力發展。除了「9-1-2：察覺並尊重不同文化間的歧異性」被歸類在低年級必須發展的能力以外，其他能力指標也都是從中年級開始發展，並

且從中年級的家鄉為主題開始延伸，一直發展到高年級的世界觀，為的就是希望學習者不僅僅只是了解自己的家鄉風土民俗文化，更希望可以培養出尊重、包容且具有世界觀的價值觀。在這樣的前提下，去作深根小琉球離島文化才會有較大的意義。茲將國小學童文化學習的分段能力指標節錄如表 5-2-1 所示：

表 5-2-1　國小學童文化學習的分段能力指標

年級	能力指標	
低	9-1-2	察覺並尊重不同文化間的歧異性。
中	1-2-1	描述地方或區域的自然與人文特性。
	1-2-2	描述不同地區居民的生活方式。
	1-2-3	察覺人們對地方與環境的認識與感受具有差異性，並能表達對家鄉的關懷。
	2-2-1	了解居住城鎮（縣市鄉鎮）的人文環境與經濟活動的歷史變遷。
	9-2-3	舉出外來的文化、商品和資訊影響當地文化和活的例子。
高	1-3-2	了解各地風俗民情的形成背景、傳統節令、禮俗的意義及其在生活中的重要性。
	1-3-3	了解人們對地方與環境的認識與感受有所不同的原因。
	2-3-1	認識今昔臺灣的重要人物與事件。
	2-3-3	了解今昔中國、亞洲和世界的主要文化特色。
	9-3-2	舉出因不同文化接觸交流而造成衝突、合作與文化創新的例子。

資料來源：教育部，2003

　　為了讓學習者可以實際的進入真實情境進行教學，加深學習印象，因此配合中年級的社會課程設計戶外教學，讓學習者可以有真實的「材料」參觀，加上老師所進行的行前教育，輔以學習者的舊生活經驗製作學習單，供學習者在戶外教學後可以進行省思活動，達到學習和文化認同的目的。尤其是在經過數個不同的景點之

後，引導學生將學習單和學習成果進行比較，藉這個學活動讓學習者明白離島生活環境上的特色與限制，並適時引導學習者欣賞比較其他離島地區的風土文化，進而引發學習者對自己生活環境的認同。

第三節　愛鄉土情懷的昇華憑藉

康原曾經對「鄉土情懷」做了詳細的解釋，他說：

> 所謂「鄉土」的形成，該包含「自然環境」與「人文精神」；而作家的「鄉土情懷」來自對生存環境孕育所產生的情感，以及對泥土的愛戀情懷；另一方面來自「族群共同生活」所產生的「文化精神」；換句話說，就是居住在同一地區生活的人，因生活習慣、語言、宗教信仰結合而成的「文化性格」；所以說「鄉土情懷」該是一種「族群的命運共同體的感情依歸」。他們有共同的理想，類似的生活方式，形成一個族群的生活規範，互相依存，共同約束，養成生死與共的意識。從這種「地域」性形成的「聚落」就是「鄉土」，只要「認同」這居住的地方與其生活方式，這塊賴以生存的地方，不管是「鄉村」或「城市」；也不管是「出生地」或「居住地」，只要「愛它」、「關心它」、「認同它」，就是一種珍貴的「鄉土情懷」。

（康原，1994：293～294）

　　所以「鄉土情懷」就是一種「族群的命運共同體的感情依歸」，對於這塊生存的土地，只要「愛它」、「關心它」且「認同它」，就能產生一種珍貴的「鄉土情懷」。

　　「鄉土」的使用上常常與「本土」的概念混淆。所謂「鄉土」（vernacular region）包含兩層意義；在狹義上，「鄉」指的是「懷念故鄉之情」，而「土」指的是「土地」；在廣義上，「鄉」指的是「歸屬感、責任感」，而「土」被擴大解釋為「與土地相關的環境」。鄉土語「本土」（native）的差別，在於鄉土所強調的是「包容性」，著重個人與社群對土地的認同與情感寄託；而本土卻專注於「我們」、「他們」的分別與區隔，使其略具排外的色彩。（黃服賜，2000：98）

　　鄉土的範圍是由內而外，由最親密熟悉且依賴程度最高的地方而逐漸疏遠陌生；且鄉土的範圍會隨著不同的情境或參考座標而調整其大小。（夏黎民，1995：4）例如一個在臺北工作的屏東小琉球人，他會說他是屏東人，但是如果他今天是去屏東市唸書，他會說他是琉球人，因此鄉土的分界是很難用一個固定的系統去強加界定的。

　　鄉土情懷的昇華必先建立學習者「鄉土意識」，因此必須進行在各大領域課程中加入鄉土教育，讓學習者親身體驗在作中學習。什麼是「鄉土意識」？人對一個空間有了長期的接觸、認識、關心與愛護之後，產生了「意義」，而使得原先抽象、中性的空間轉變成了能激勵居民認同、歸屬與愛護的「地方」。（黃服賜，2000：98）「鄉土意識」也就產生了。在鄉土意識裡，「意義」的概念佔有非常核心的地位，鄉土意識是個體在逐漸形塑「鄉土概念」（賦予空間意義）的過程中產生的；（姚誠，2000）唯有透過每個學習者的自我意識，才能呈現出個體的鄉土意識。因此，鄉土意識是每個人

對其所強烈依戀的外部世界所產生的一種親密關係，而這種關係是經由語言交流、感情支持和相互接受所凝聚而成的。它著重地緣關係，以土地的包容關懷為主，強調對「生活空間」的認同，重視開放與包容，是具有高度自主性的主觀意識。

　　鄉土教育涵蓋了認知、技能與情意三個方面。讓學習者了解以生活周遭的事物為學習的起點，認識其所居住地方的人、事、物，包括生活環境、歷史人物、自然景觀、傳統藝術與文化等，使他們能認同與熱愛自己的鄉土，激發學習者改善環境及建設地方的意願和能力，更進一步引導他們對國家、世界懷有一種特殊情感。（歐用生，1994）因此，「鄉土教育」在使學習者了解所處環境中的人事物及其特色和淵源，引導學習者接近鄉土、認識鄉土和關懷鄉土，進而培養鄉土愛，並願意奉獻自己的力量去服務自己的鄉里，培養學習者愛鄉愛國熱誠的一種教學。

　　鄉土教學活動的課程是以培養鄉土情為重點，採用經驗教學，教學內容可以取自生活周遭環境的任何議題。例如：自然環境、人文環境，或是歷史、地理、自然、藝術、語文等都可以作為題材。而教學活動上採用主題教學，以一個事件、節日或是地點，作為課程規畫的主軸，採用課程統整跨領域結合教學的方式進行教學。主題探索教學是一種以學生為主的統整教學，教學者在整個過程扮演催化者的角色，指導學生在某一個主題下，自己去探索主題、發現問題，然後在教學者的不干擾改變學習者原意的指導下，透過觀察、實驗、討論、紀錄、訪談以及搜尋資料等方式，去進行學習者自己或是小組的研究，來達到解決問題的目的。

　　在承接文化深根之後進行鄉土教育，利用一系列的作文、說讀、小書製作等語文發展活動讓學習者主動探索自己的鄉土文化，

藉著每次作品的修改與討論，讓學習者更貼近自己所生活的小琉球，配合老師批改完作品後的作品賞析，去欣賞其他學習者眼中的小琉球，並且比較看看是否自己眼中的小琉球和其他人眼中的小琉球有什麼異同，為什麼會有差異？差異在哪裡？在排除生活經驗不足因素之後，學習者會更加認同自己的故鄉，此時這樣的認同便會成為愛鄉土情懷的昇華憑藉。因為當你曾經認真的寫過小琉球景點或是習俗後，每當同樣的景點重遊或是同樣的活動再次舉辦時，學習者便可以更清楚、更貼近整個風俗文化的核心來進行介紹，並進一步的行銷介紹小琉球。由於對小琉球的一切夠清楚，所以才可以毫不保留的介紹它的好讓更多人知道。

第四節　語文素養的切身感受起點

　　語文屬於人文學科，它不但具有工具性，且具有人文性。如果想要培養提高學習者的語文能力和敏感度，那語文課就會是不可或缺的人文教育陣地。不論是哪個年代哪個時期，文學都給人帶來希望和勇氣，使人們的精神和才智都得以發揮，開展了人與人之間的交流，在每次的語文交流中，創造出了一次又一次藝術性的共鳴。

　　在當前網路如此風行的年代，E-mail 取代了紙筆書信的往返，鍵盤上的輕快的敲打聲音，出現在電腦螢幕上的中文字就一個又一個的呈現，哪怕是要寫給外國朋友的書信，只要手邊的滑鼠點兩下，從新注音轉換一下文字類型到英文，馬上就可以流利的輸入任何你想要呈現的內容，因為是如此的便利，也慢慢的取代了一

筆一畫的硬筆書寫，更別提已經被冷落在教育現場許久的書法教育了。

　　文字所以如此迷人，是因為在每個用字遣辭之間都具有它獨立的涵義在內，因此百千年前名家所遺留下來的詩詞散文歌賦，才會顯得是如此珍貴，因為那都是經過千錘百鍊後所選出的用字，多一個字則嫌累贅，少一字又覺得少了什麼。因此，語文素養的好壞，從作品所呈現出來的用字遣詞就可以看出端倪。

　　如前面所說，因為網路所帶來的便利性，許多學習者在膳打文字時為了求速度上的展現，在網路的溝通語言也出現了簡化現象。這種簡化的用語有人稱為「網路用語」，有人稱為「網路語言」或「網絡語言」或「火星文」等。因此，在尋求速度的前提下往往會失去用字的精準，對一個剛接觸電腦的國小中年級學習者，他所要的輸入法必定是他最熟悉的拼字法則，因此注音輸入法和新注音輸入法是最常看見被使用的輸入法。本篇就以這兩種輸入法舉例來說，當我要輸入「你今天要去哪裡玩？」的時候，選擇使用微軟新注音輸入法的學習者很可能會輸入成「你今天要去哪裡完？」更甚者選用基本注音輸入法的學習者會打成「你今天要去那李完？」這些所呈現出來的問題不僅僅只是用錯字，使用久了連文字的美感也會跟著消失；並在在這樣的情況下，為了尋求更快的速度，甚至連完整的字也懶得輸入了。例如：「我知道了」會輸入成「偶知道ㄌ」、「你的車呢？」變成「ㄋㄅ車？」、「這樣子喔！」變成「醬～子喔！」這些也就是俗稱的火星文。

　　同樣的現象不只是出現在使用繁體中文的臺灣，使用英語系的國家也有相同的問題。例如「YOU」只輸入「U」代替，或者是上網之後，兩個陌生的網友打完招呼之後就會打出「A/S/L」，A 是

Age、S 則是 Sex、L 則代表 Location，整句話的意思就是在問你幾歲、性別、住哪哩？如果你是個 22 歲在臺北求學的男大學生，這時你就可以大方的回答 22/M/Taipei 就可以，這樣就可以一次解決三個問題。雖然方便快速，可是人與人之間的交流又怎麼是這樣一個回答就可以輕易得到答案的？這樣的現象正不斷地侵蝕著語文的發展。

根據報導指出，在美國清少年最流行的火星文是「頭字語」（acronym，用每個字的第一個字母組成一個字）。《華盛頓郵報》報導說，根據統計，2004 年美國使用簡訊的青少年達到一千六百萬人，比起 2000 年的一千三百萬又大幅成長，很多人太習慣火星文，在不該用的場合也會不自覺的使用上。例如有一位女高中生考 SAT（美國大學入學測驗）的作文時，竟然不自覺的把 because 寫成 b/c。（尹德瀚，2007）

《美聯社》2006 年自紐西蘭首都威靈頓發出一則電訊，報導了紐西蘭有關當局雖然不鼓勵高中生使用火星文（textspeak），但學生萬一在該年底的全國大會考中使用時，只要答案正確就不扣分。當然，紐西蘭國內並不是一面倒的都支持這項決定，反而是正反意見針鋒相對。而紐西蘭學歷認證中心也澄清，他們所施測的國家學歷認證考試並不是毫無條件的接受學生用火星文作答，考生如果考英文時用火星文，還是一樣會被扣分；但是其他考科更重視的是透徹了解科目內容並能回答得清楚完整，用不用火星文反而不是那麼關鍵。（曾泰元，2006）

因此，在引導學習者學習語文發展的時候，這種替代性的文章詞字是教學者所必須要特別注意的，而範本的介紹導讀會是個很好的矯正方法。並且在導讀的時候灌輸學習者優美的文章詞句是值得

一筆一畫的保留下來的，多鼓勵學習者使用正確文法，正確字體和用字的詞句，並且介紹提供學習者觀摩、學習的範本。就像是作文教學中的範文教學一樣，讓學習者有個優良的對象可以模仿學習，勝過教學者在講臺上聲嘶力竭的教學。同樣的，想要讓學習者對於語文素養有切身感受，並且成為成長的起點，優良作品和待改進作品的比較，讓學習者去感受文字和詞句的優美，進一步引導學習者創作，還可以趁這個機會把鄉土意識不僅僅是深植學習者的心裡，更能引起學習者認同，讓學習者不只是接納屬於自己生活環境的風俗文化，而是打從心底的接納、喜歡、認同，並且利用各種可能的機會去向大家徹底、完整的介紹小琉球。

可見透過閱讀優良美好的文章詞句，去養成學習者的語文素養，不僅可以讓學習者有個直接的範本可以學習模仿，並且透過教學者的教學引導，開發學習者的創意。例如老師在進行「戶外教學——山豬溝生態之旅」後，以「山豬溝」為主題讓學習者去作指定題目的作文，並且在批閱完畢後展出優秀作品。老師也可以找出其他年齡層所寫的優良作品展示出來供學習者觀摩、比較，又或者是「小琉球潮間帶生態小書製作」，讓學習者自己去接觸自己家鄉的生態，透過自己或是小組合作去探索研究潮間帶的生物。在如此辛苦完成小書作品後，教學者可以給學習者「材料」：小書製作過程的紀錄，讓孩子們去回味自己曾經努力的痕跡。在這樣引導下的作品都會是學習者的真性情紀錄，所寫下的字字句句都會是學習者這個階段的語文素養的呈現。

教學者所要作的，就是把每次的作品不管是小書、優秀作文、好文章欣賞或者是指定閱讀學習單保留下來。這些曾經嘔心瀝血的作品，都可以讓學習者更深刻的感受到自己的成長與改變，而且大

量閱讀優良作品，並在老師的引導之下去欣賞其他學習者所創作的優秀作品，可以更完整、更全面的提升學習者的語文素養，因為所有的作品創作都和自己的生活環境有關，所以會讓學習者有更強烈的認同感，也就更可以達到語文素養成長的目的。

第五節　推動離島觀光的新契機

　　觀光產業是一種具有多目標的綜合發展產業，發展觀光不僅可以提高居民所得、擴大就業機會、整合各級產業、還可以透過地方原始產業和地方特色的結合，吸引外來遊客來增加地方收入的實質面效益。除此之外，觀光的多樣性活動和設施，同時也可以提供居民使用，提升生活品質。

　　要了解觀光發展的內涵，必須要先清楚「觀光」的定義，以及觀光的關聯產業。「觀光」（tourism）一詞，根據《牛津英文辭典》所記載，最早被採用於 1811 年，它是一種社會的現象，含有兩種意義：一是表示以旅行達到娛樂目的的各種活動；二是表示與觀光產業有關活動的理論與實務。（陳思倫等，1995）

　　WTO 曾經對觀光作過定義，必須包含三個條件：第一，觀光客從事的活動是離開日常生活居住地的；第二，這些活動需要交通運輸將觀光客帶往觀光目的地；第三，觀光目的地必須提供設施、服務等，以滿足觀光客各種活動需求。（鍾溫清等，2000：455）這三個條件顯示出觀光產業的涵蓋面。而由產品服務需求及提供的過程來看，觀光產業是一個多元的、由四項基本服務所提供組成的產業，包括：

一、接待服務（accommodation）：旅館、民宿、農莊、渡假村、
　　會議中心、露營區、碼頭等。

二、觀光目的地景點提供（destination attraction）：主題樂園、
　　博物館、文化藝術展覽館、國家公園、動植物園、風景區、
　　花園、古蹟遺址、運動及活動中心等自然及人文資源。

三、運輸服務（transport）：包含道路建設，以及航空、郵輪、
　　鐵路、公路、租車等服務業。

四、旅行服務（travel organizer）：包括旅行社、會議公司、預
　　約訂房訂票服務、導遊、導覽、及解說服務等。

　　除了以上所說的四項基本服務，還包含其他如媒體與行銷、環
境維護管理、公共設施及道路等基礎設施的輔助促進產業、支援觀
光產業發展的研究、資源開發規畫和誘導與控管工作。也就是說，
觀光產業包含對經濟體系中不同產業產品與服務的需求，也可以說
是一種經濟活動次系統（subsystem）。

　　地方的觀光發展是以地方經濟發展為前提目標，那發展必定包
含了：企業發展、土地的實質開發、人力資源的培育以及地方就業
機會的創造。其中企業的發展對於觀光發展來說，就是各種觀光服
務產業的創造與擴張；土地實質的開發就觀光的供給面來看，就是景
點的開發與經營；人力資源的培育在觀光發展中是一個重要的部分，
而且包含的範圍很廣，不論是景點的開發及經營管理、服務的技術與
道德教育、行銷的技術、資源的整合與觀光發展的規畫或者是景點解
說員，都可以透過不同功能、層級的人力資源培育來達成；而地方就
業機會，還可以透過各種觀光相關事業單位的創業與擴張來完成。

　　近年來許多地區的觀光產業快速的發展，並且喊出了「永續觀
光」的口號，因為觀光雖然為地方帶來經濟上的利益，但是同樣也

會造成環境上、文化上、社會上的衝擊。因此，為了達到永續經營
的目標，必須在吸引力的創造、交通、各項服務的提供、資訊提供、
行銷與促銷、觀光教育及職業訓練、觀光資源整合與經營管理作出
適當的控管，並且依其性質分別由公部門、第三部門與私部門來
提供。

　　小琉球在有限的自然環境資源下發展觀光產業，如果只走既有
的自然景觀和生態物產的路線來經營，未來資源枯竭是可以被預知
的。自從 2002 年鵬管處開始開發小琉球的潮間帶生態觀光產業，
小琉球的潮間帶就不斷地萎縮。為了發展觀光拓展了觀光碼頭，犧
牲了原本位於觀光港地區的白沙灘。因此，如果不走向文化產業觀
光的路線，小琉球的生態資源必定會消耗完畢。

　　商累仁在《澎湖離島「替代觀光」發展之研究——吉貝與望安
的個案》中提到：

> 「文化產業」之意涵是寬廣的，係包含大量產製的全球性流
> 行文化商品，亦包含具地域性特質的地方產業。文化產業依
> 地區特質可界分為都會性文化產業及地方性文化產業兩大
> 類，另依產業資源特色、消費結構及開發模式界分為：一、
> 大眾消費文化產業；二、地方文化產業；及三、文化設施產
> 業等三類。

（商累仁，2007：27）

　　另外，商累仁還將地方文化產業依特質界分為歷史文化資產、
鄉土特產、民俗文化活動、地方創新文化活動及地方文化設施等不
同類型。（商累仁，2007：28）小琉球在發展觀光的條件上，和臺

灣其他地方比較起來，較類似澎金馬等地區，都是屬於離島地形，因此在發展地方觀光上除了一般的商業性行銷手法之外，也可以搭配語文活動展開徵文活動，因為公部門每年的預算是固定的，想要仿效私部門運用大量的商業性行銷方式來推廣小琉球風俗文化的觀光活動，在經費上實在很難得到支援。因此，舉行某特定標的物徵文競賽，一來所需行銷費用低廉，徵文競賽的行銷主要對象是各級學校機關，所需要的往往只是海報，而且在刊登上不須再增添費用，還可以順勢將所欲徵文主題作一個推廣；二來將所徵選的優良作品集結成冊出版，不但可以彌補地方建設經費上的不足，還可以獲得許多優美的文章和形容詞句，而這些語文章句將會是未來行銷小琉球上很豐富語料庫資源，更可以提供在地的國中小學學習者優秀的作文範本，一舉數得。

除此之外，利用徵文活動行銷小琉球還可以藉這個機會建立小琉球意象，就像是菊島文學獎，令人想到澎湖的縣花——天人菊，聽到浯島文學獎就聯想到金門，而馬祖旅遊文學獎正好大大方方的替馬祖的觀光產業作了最直接的介紹。小琉球在如此得天獨厚條件下，如果要求公部門每年都提出個上千萬作為廣告行銷，這無異是緣木求魚的作法。如果可以先由小琉球居民投票選出最能代表小琉球的意象，再用這個意象來命名文學獎徵文活動，其所需經費不過數十萬元即可，不僅花費少又可以達到推廣小琉球的目的，也可以發展語文活動，更可以將小琉球意象深植全國人心。因此，配合語文活動的發展，可以說是小琉球推動觀光發展的一個契機。

第六章

小琉球的風土人文在語文教學上的應用策略

第一節　應用策略的策略性

　　本章節所要談的是小琉球的風土人文在語文教學上的應用策略。本應用策略的策略性，在語文教學的過程所使用的不外乎聽、說、讀、寫四個項目。本章節以下將讀的部分採用閱讀教學進行策略說明；把說和聽結合起來進行說話教學，在進行完說話教學後配合彈性課程到實地景點參觀，讓學習者能有更實際的接觸，進行解說員活動的實際演練來驗收聽、說、讀三項活動的教學成果；返回學校後再進行小書製作的綜合語文教學活動，讓學習者自己去呈現自己所觀察到的景點特色，配合藝術與人文和社會領域的能力指標讓學習者去表達自己的想法，讓教學者在評閱後決定寫作教學所要給予的「材料」。

　　寫作教學先從最基本的活動紀錄開始，記敘整個語文教學活動進行過程中，所觀察到、學習到的收穫，最後由教學者批閱完畢後發還學習者，將優良作品公開展示出來，讓學習者之間彼此互相觀摩、學習。

　　完成以上所有活動之後，由教學者進行風俗文化活動的省思，並引導學習者去思考自己本身的鄉土意識來達到認同意識的建立。以下用簡圖表示所有教學活動的流程。

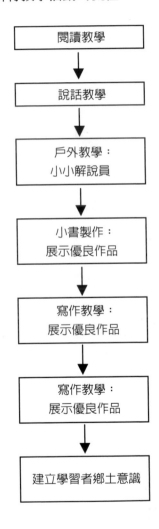

圖 6-1-1　語文教學策略活動示意圖

第二節　在語文課程融入閱讀教學的策略

閱讀是最直接關係到學習者語文能力發展的主要原因,因此良好的閱讀技巧不但可以讓學習者花費最少的時間精力去了解整個文章的內容,還可以精要的抓住整個內容大意和文章的精神所在。

要如何在語文課程融入閱讀教學的策略,首先在進行閱讀教學時需要作好以下準備:

一、先備知識的提升及運用

在閱讀新的文章之前,教學者必須先安排時間協助學生建立與文章相關的背景知識,在教案的編寫這部分稱為「引起動機」,使學習者在進入閱讀活動的時候可以運用自己的先備知識,與文章產生連結。進行教學的時候,教學者應該鼓勵學習者運用先備知識去了解文章或是預測作者所要表達的意圖。通常越能夠藉由題目及圖片來預測文章的,就越能統整知識和內容,達到提升閱讀理解的效果。(孟瑛如,2009)

二、閱讀教材的編選

好的文章架構可以幫助閱讀者產生適當的故事基模,讓閱讀者從長短期記憶中提取文章所需要的知識進行閱讀理解。

三、與生活經驗的結合

挑選學習者生活中的場景或是民俗活動相關的文章作為閱讀教材，一旦學習者在閱讀過程中發現自身的生活經驗可以和文章的場景吻合，而且可以從中發現差異來進行比較的話，學習者將會更有動機去從事閱讀活動。

四、情意教育的融入

情意教育的經驗，可以促進心理健康及潛能發展，預防問題行為的產生。情意教育可以藉由包含閱讀、他人經驗分享、反省、體驗、發表等多元方式的閱讀教學活動，達到理性感性協調的統整，進一步涵養人文素養，培養寬容、欣賞、尊重、關懷的態度。

做好了相關的準備，在進行閱讀教學時，學習者在採用不同的理解模式進行學習的當下，便可能會傾向某些特定的閱讀策略；而活用閱讀策略通常是一次成功閱讀教學的重要指標。Bruning 等人在 1995 年曾經提出，成功的讀者在進行閱讀時會使用七個策略，並針對這七個策略發展出有效教授閱讀理解策略的教學活動幫助學習者。（林姿君，1999：11）而本研究將會針對其中三個策略應用在教學上，提升學習者在閱讀上的成效。茲擷取如下：

一、使用現存的知識賦予文章意義

　　成功的讀者通常會活化他們的先備知識與基模，也善於運用後設認知的能力；此外成功的讀者會持續地運用先備知識，評估他們已經發展的意義模式的適切性，也會運用現有的知識決定文章的重要性、推論及衍生問題。教學者在這方面可以幫助學習者的是「設法幫助兒童對他將要參予的學習活動一般性的性質有某種程度的了解。」（漢菊德等，1996）適度引發學習者的先備知識，讓學生將書本上的知識與生活經驗結合，使學校傳授的知識成為一種有意義的學習。

二、能綜合閱讀的訊息內容

　　摘要是綜合閱讀訊息內容的一個重要方法，它包含了五個重要步驟：第一，去除不相關的資訊；第二，刪除冗長的資訊；第三，為一系列的事物或行動創造出一個較高層級的書名性略語或符號；第四，試著找出主題句，並在適當時機用它作為摘要；第五，當不確定主題句時，自己發明主題句來代替。

三、閱讀過程中及閱讀過程後能持續作推論

　　即使最簡單的文章內容，也需要讀者去作推論，因為無論作者如何從讀者角度去思考及交代內容，都無法將讀者所有可能的疑問交代清楚，所以讀者推論文本意義的過程在所難免。推論是理解過

程的核心，而基模則是有組織的鷹架。學習者會將生活中知識擷取的點點滴滴納入這個鷹架中，教學者應該幫助學習者如何使用現存的知識及脈絡中的知識，幫助他們運用現存的知識及文章中的訊息作推論。

例如，在閱讀教學的項目上，搭配進行「小琉球傳說故事改寫」這樣的活動來進行，首先請學習者提出他們生活上經驗所及，小琉球的景點中有傳說故事的景點。在這動作上我們會得到像是：美人洞、烏鬼洞、山豬溝和倩女臺等景點，並指導學習者去圖書館找出相關的傳說故事進行閱讀；過程中教學者可以和學習者討論這些傳說故事的由來和交代當時的時空背景，讓學習者可以比較精確的掌握故事內容大綱。

再來教學者可以提供其他地區景點的相關傳說供學習者閱讀，並且導引學習者從中發現小琉球地區的景點傳說和其他地區的景點傳說有什麼異同的地方，這樣深度的認識可以幫助學習者在進行傳說故事改寫的時候，不會犯了矛盾的錯誤。例如傳說發生在三百年前，那居民乘坐的想必是竹筏或是風帆，絕對不會是膠筏或是舢舨，雖然不管是竹筏、風帆、膠筏或是舢舨，都是很不具動力性的海上工具，但是出現的年代跟時機卻是完全無法混淆的。

綜合以上所述，語文教學在閱讀活動上的使用策略，除了要教學習者熟悉故事內所要表達的意涵，更希望學習者可以藉由閱讀教學的過程中，將閱讀的技巧學習起來，並且應用在其他課程上，達到語文教學的目的並且延伸語文學習到其他領域。

第三節　在語文課程融入說話教學的策略

本節旨在以學習者為主體進行說話教學。在教學者有計畫的指導學習者說話教學的相關知識與技巧之後，由學習者進行景點介紹給其他學習者聽；發展的教學活動以說故事和小小解說員為主，介紹過程中學習者不但能學習如何選擇合適的資料，也能充分展現正確清晰、自然流暢的聲音技巧，活潑生動、親切和藹的臉部表情，配合上恰如其分的肢體動作，傳達出解說景點本身的精神與意涵，來達成說話教學的目的。

進年來小琉球的觀光業極為發達，我遠地的朋友也不斷地詢問：「小琉球好玩的地方在哪裡？」雖然我自認對於自己成長的環境有著相當程度的認識，卻在遇到這個問題的當下不知如何介紹。就在我擔任科任老師負責高年級綜合課程時，我拋出同樣的問題，但高年級的學習者卻無法說出個所以然。因此，在我從這個學年度擔任中年級導師起，便開始進行一連串的語文訓練，為的就是讓這群學習者以後可以清楚大方的向外地人介紹小琉球的美，而不再是沉默回答。

在進行語文課程融入說話教學的策略之前，必須先把說話教學下個定義：「說話教學」是指教學者在理論基礎的指導下，有目的、有方法、有計畫地對學習者進行說話能力訓練的活動。就內涵而言，說話教學主要是透過各種活動的安排與設計，配合相關語文知識的傳授，來達到訓練學習者口語表達能力的目的。所要訓練的能力包括：思維能力、語文能力、學識修養及組織能力。以上是說話的「內在能力」，也是一般語文教學的共同要求；而「外

在能力」，包括口語表達能力、運用語音的能力、合宜的禮貌及態度等。

　　進行話教學的目的在於促進學習者語文能力的全面提升，因為說話能力對於訓練語文能力中的聆聽、閱讀、寫作有很直接的影響。（莊凱如，2003）在口語交談中，往往是說話與聆聽同時進行，說者與聽者角色時時互換，因此在說話教學進行時，也離不開聽話能力的訓練。而口語的發展是書面語發展的基礎，一般情況下，一個口語能力強的人，他的閱讀寫作能力也就相對比較好。因此，加強學習者口語表達能力，對於學習者的讀寫能力也會大幅度的提高。

　　本研究中針對學習者口語能力的教學，是搭配我服務學校屏東縣白沙國小 97（2008）學年度編寫的海洋教育彈性課程大綱進行，我進行教學的三年級的授課重點放在珊瑚的周邊生態講解，以及小小解說員的培訓。

　　在進行小小解說員這教學活動之前，先對學習者進行周邊生態的講解，讓學習者了解到生活在珊瑚周邊的海洋生物有哪些，並且搭配上圖片供學習者指認。雖然每種生物都有其特色，但是儘可能不要給學習者提示，讓學習者自己觀察出這些周邊生態和其他生物比較起來的差異在那邊，這種自己發現的特色比起教學者給予的教學更能讓學習記得久，而且很容易就內化成學習者自己的口語，這樣學習者要對其他人進行講解說明的時候，因為使用的是自己最熟悉的說話方式和用字淺詞，在表達上也往往會比提供制式完整的說明書的講解內容來的容易表達；而且因為所有的語料都是發自學習者本身的思維，在講解上比較不會因為緊張而顯得僵硬，更能夠達

到用肢體動作輔助口說的目的，這樣講解起來會更加生動，說起話來也比較有口條的多。

　　最後在說話活動上要注意的是，學習者的用字遣詞，因為一個好的演說講解，優美的詞句和形容詞必定是不可或缺的，但是對於一個發展語文教學活動的中年級小朋友，如果不是教學者事先刻意的提供範文供學習者觀摩學習，恐怕所得到的成果會是乏善可陳，但也不是因此就提供好的解說範文讓學習者模仿，最好的作法是搭配前一節所說的提供優良讀本，在學習者閱讀時引導學習者口語表達，儘可能讓學習者自己草擬解說詞，而教學者頂多在中間過程協助修改一些較不通順的詞句，以不影響介紹詞原意為前提的提供技術性指導。

　　對於中年級的學習者一開始就要求他們進行解說員的訓練，或許有些強人所難，但是多元性的課程發展不僅僅侷限在解說員，為了培養學習者能夠更大方的表演，我設計了相聲的表演，讓學習者在閱讀完了珊瑚生態之後，模擬自己是裡面的魚貝類來對話，或是進行戲劇表演來達成說話教學。下頁呈現的就是一系列說話課程的教學成果：

表 6-3-1　小琉球風土人文融入說話課程 1：前置知識教學

課程名稱	珊瑚礁與牠的朋友——認識珊瑚礁				
實施時間	97 年 12 月 15 日	實施方式	講述、討論、實作	實施地點	電腦教室
參加對象及人次	三年甲班　共 22 人			講師身分及姓名	導師蔡秀芳
課程大綱或講義	1. 認識珊瑚礁的形成原因：珊瑚生長時會分泌碳酸鈣，形成鈣質骨骼，堆積的碳酸鈣骨骼日積月累，就形成了巨大的地質構造——珊瑚礁。不是所有的珊瑚都有造礁的能力，能夠建造珊瑚礁的珊瑚，稱為造礁珊瑚。 2. 珊瑚礁的種類介紹：堡礁、環礁、裙礁。 　堡礁：離陸地有十數公里遠，中間有潟湖相隔，可能是中央的陸地下沉所致。堡礁和陸地之間好像隔著護城河一般，所以稱為堡礁。例如：澳洲大堡礁。 　環礁：環礁呈圓圈狀，例如：南太平洋許多環狀的珊瑚礁。 　裙礁：長在陸地的邊緣，如果把陸地的邊緣看成裙子的裙角，裙礁就好像裙擺末端的衣襬褶邊一般，所以稱為裙礁。例如：小琉球的珊瑚礁。				
活動照片	說明：介紹珊瑚礁形成的原因		說明：介紹珊瑚礁的種類		
活動照片	說明：比較三種珊瑚礁的外形特徵		說明：比較三種珊瑚礁的外形特徵		

表 6-3-2　小琉球風土人文融入說話課程 2：發展活動

評量名稱	美麗的珊瑚礁——小小解說員	評量類別	☐自我檢核表	☑活動或表演
實施時間	97 年 12 月 15 日共 40 分		☐學習單	☐藝術呈現
參加對象及人次	三年甲班　共 22 人		☐書面報告	☐有獎徵答
			☑口頭報告	☐其他
評量內容	1.口頭報告：能說出三種珊瑚礁的種類及其特徵——堡礁、環礁、裙礁。 2.小小解說員活動：珊瑚答客問——相聲表演。			

活動照片		
	說明：能說出珊瑚礁的種類及特徵	說明：能說出珊瑚礁的種類及特徵
活動照片		
	說明：珊瑚答客問——相聲表演	說明：珊瑚答客問——相聲表演

表 6-3-3　小琉球風土人文融入說話課程 3：資料搜查

課程名稱	珊瑚礁與牠的朋友們——認識珊瑚礁區動物				
實施時間	98 年 12 月 23 日	實施方式	講述、討論	實施地點	電腦教室
參加對象及人次	三年甲班　共 22 人		講師身分及姓名	導師蔡秀芳	
課程大綱或講義	1. 熱鬧繽紛的珊瑚礁區：珊瑚礁生物大多色彩鮮艷，具有偽裝和警告的效果。臺灣海域的珊瑚礁魚類大約有一千五百種，種類繁多，是海裡最引人注目的一群。珊瑚礁生態系是海洋生態系裡生物種類最多的，因此除了珊瑚和魚類以外，珊瑚礁區裡還有許多無脊椎動物如海綿、海參、海膽、海葵、螺貝類、蝦蟹類等，整個珊瑚礁區相當熱鬧豐富。 2. 珊瑚礁動物介紹： 　(1) 魚類：棘頰雀鯛（透紅小丑）、蓋馬氏盔魚、瓦氏尖鼻魨（橫帶扁背魨）、黃衣錦魚（黃衣葉鯛）。 　(2) 甲殼類：龍蝦。 　(3) 螺貝類：蠑螺（夜光蠑螺、貓眼蠑螺、金口蠑螺三種）。 　(4) 腔腸動物：海葵。				
活動照片	 說明：珊瑚礁生態簡介		 說明：認識珊瑚礁動物		
活動照片	 說明：珊瑚礁動物檔案解說		 說明：珊瑚礁動物小檔案解說		

表 6-3-4　小琉球風土人文融入說話課程 4：搜查成果問答

評量名稱	珊瑚礁的朋友──認識珊瑚礁動物	評量類別	☐自我檢核表　　☐活動或表演 ☐學習單　　　　☐藝術呈現 ☐書面報告　　　☑有獎徵答 ☑口頭報告　　　☐其他_____		
實施時間	97 年 12 月 23 日　　共 40 分				
參加對象及人次	三年甲班　　共 22 人				
評量內容	1.能說出棘頰雀鯛（透紅小丑）、蓋馬氏盔魚、瓦氏尖鼻魨（橫帶扁背魨）、黃衣錦魚（黃衣葉鯛）、龍蝦、蠑螺（夜光蠑螺、貓眼蠑螺、金口蠑螺三種）、海葵等珊瑚礁動物的俗稱、外形特徵、生活環境、習性、覓食行為。 2.能根據老師的提示，猜出指的哪種動物。				
活動照片	 說明：指出珊瑚礁動物的特徵		 說明：說出珊瑚礁動物的生活習性		
活動照片	 說明：指出珊瑚礁動物的特徵		 說明：根據提示猜動物		

表 6-3-5　小琉球風土人文融入說話課程 5：小組討論圖卡製作

評量名稱	珊瑚礁的朋友——解說員培訓	評量類別	☐自我檢核表　☑活動或表演 ☐學習單　　　☑藝術呈現 ☐書面報告　　☐有獎徵答 ☐口頭報告　　☐其他＿＿＿
實施時間	97 年 12 月 26 日　共 80 分		
參加對象及人次	三年甲班　共 22 人		

評量內容	1. 語文活動：解說內容編寫： 　(1) 將全班分成 4 組，編寫以珊瑚礁的朋友們為主角的故事——棘頰雀鯛、蓋馬氏盔魚、瓦氏尖鼻魨、黃衣錦魚、波紋龍蝦、金口蠑螺。 　(2) 編寫的故事須將各動物的形態特徵描繪出來。 2. 藝術呈現：解說卡製作。
活動照片	說明：分組構思解說內容（故事形式）　 說明：分組構思解說內容（故事形式）
活動照片	說明：珊瑚礁的朋友解說卡製作　 說明：珊瑚礁的朋友解說卡製作

表 6-3-6 小琉球風土人文融入說話課程 6：成果展示

評量名稱	珊瑚礁的朋友——解說員培訓	評量類別	☐自我檢核表 ☑活動或表演
實施時間	98 年 1 月 9 日 共 80 分		☐學習單 ☐藝術呈現
參加對象及人次	三年甲班 共 22 人		☐書面報告 ☐有獎徵答
			☐口頭報告 ☐其他_____

評量內容	小小解說員表演活動： （1）戲劇表演：能將解說內容編寫成的故事演出來。 （2）相聲表演：能將解說內容以相聲形式介紹出來。

活動照片	說明：分組排練解說內容（故事形式）	說明：分組排練解說內容（故事形式）
活動照片	說明：分組排練解說活動	說明：分組排練解說活動

第四節　在語文課程融入寫作教學的策略

　　寫作教學的目的，是要培養學生透過想像力與思考力，藉由文字的媒介，將思想情意確切的表達出來。簡單來說，寫作教學就是教學者透過教學的過程培養學生的寫作能力。然而，寫作教學對於語文教學來說既然是如此重要的教學活動，不管國內外的學者專家也針對引起學習者寫作興趣，提高學習者在作文時的表達能力，提出了許多的教學方法。例如 Hillocks（1984）將 1963 到 1982 年間有關寫作教學的方法歸納為：講述模式、自然過程模式、環境模式以及個別化模式等四大類，其中最主要的差異在於教學者和學習者彼此間扮演的角色上的不同。例如講述模式中有相當清楚的特定目標，一但決定了題目內容往往就無法更改，這是一種以教學者為中心來主導的教學活動，學習者很少有自由表達的機會，而且學習者同儕間也少有互動。

　　自然過程模式讓學習者對有興趣的主題進行自由寫作，同儕間通常具有正向回饋，而且具有重寫和修改的機會；教學者在這裡扮演的是協助者的角色，讓學生發揮想像力，是一種以學習者為中心的來支配的寫作活動。

　　環境模式是一種具有清楚和特定目標的寫作教學，教學者在這種模式下會先簡介學習內容，並且將學習者分成幾個小組，針對所要寫作的目標進行特徵的討論和研究，並且讓學習者先在小組中練習，然後再進行獨立的寫作。在完成作品之後，教學者會透過學習者較良好的作品進行展示，協助學習者應用評量標準對其優秀作品進行回饋。在這種模式下，教學者和學習者的角色

互相平衡：教學者提供教學活動設計，學習者經由和同儕互動學習寫作技巧，可以說是教學者和學習者共同分擔寫作活動的責任。

最後談到個別化模式，這種模式強調以學習者為協助對象，經由個別指導或是電腦等輔助教材學習如何寫作，並從中獲得回饋。

根據 Hillocks 的分析，「環境法」的教學成效最好。（陳滿銘，1994）因此，在本研究中，有關寫作教學的部分將會採取環境教學法，提供學習者小組討論和資料查詢的協助，讓學習者在獲得足夠的「材料」之後再進行寫作，以期望可以增加學習者對寫作對象的認知和認同。在本教學活動的進行上因為受制於學校所排定的海洋教育課程教學大綱、戶外教學的關係，編寫本研究的當下僅僅做到了「認識珊瑚」的相關教學，因此所能提供的成果就受限於學習者所提供的成果。除此之外，在進行寫作教學時最大的困擾就是評閱的問題。陳滿銘（1994）對作文批改的原則與方式，提出了一些看法，他認為在作文的批改上應該要具備以下的原則：

一、保留習作的原意。

二、儘量切進學習的程度。

三、多作積極的指導，少作消極的批評。

四、需作適當的眉批與總批。

五、批改前應先遍覽全文。

教育部（1993）在國民小學課程標準中，也對作文批改有以下幾點提醒：

一、要多保留兒童的原意。

二、要有鼓勵性的眉批和總評。

三、也要給兒童共同批改和研討的機會。

謝常彰（1996）對於教學者批閱學生作文，也提出了以下七點建議：

一、指出錯別字，也要指出特別好、壞、不當的用字。

二、指出不完整、不明確的句子。也要指出特別好、壞、不當的句子。

三、指出不適當的段落，或應分開，或應合併。

四、指出全篇的優缺點，包括結構和內容方面。

五、批上鼓勵的評語。

六、給成績、分數要慷慨大方，尤其對進步中的作文為然。

七、對缺點多的作文，暫時不給成績，要求學生重寫，糾正缺失。

陳秋瑤（2004）認為長期以來作文批改並無客觀標準，教學者依自身的專業評分，甚至憑感覺、印象、傾向評分。如果把作文分解成若干因素，簡要、關鍵地概括和解釋觀測事實，建立起最基本的概念系統，可歸屬語言表達、層次結構、思想內容、書寫標點四類，而每個層次各自統攝的因素以及在作文評分中所佔的比重，各按五等評分，設計了如下表格：

表 6-4-1　作文五等評分表

項目＼等次＼分數	優等 100~90	良好 89~70	及格 69~60	較差 59~50	差 49~0
語言表達（含詞句、表現方法、修辭）	準確得體。	語句通順。	語句基本通順。	語句不夠通順，語病較多。	文理不通。
層次結構（層次、過渡）	層次分明，結構嚴謹。	條理清楚，結構完整。	條理基本清楚，結構基本完整。	條理不清楚結構不完整。	沒有層次，結構混亂。
思想內容（中心、材料、分析、詳略）	立意深刻，中心凸出。	行款格式正確，卷面乾淨字體端正。	行款格式基本正確，卷面一般字體清楚。	行款格式不正確，卷面不乾淨，錯別字多，字跡潦草。	不懂行款格式，卷面不乾淨，錯別字多，字跡難看。

資料來源：陳秋瑤，2004：31。

　　綜合以上論述，可以得知教師在批改作文時，在整體的部分應該避免扼殺學習者自尊心、成就感，因此該「保留習作的原意」，教學者只要說明理由，提供正當路向即可。興趣是學習者寫作的重要指向，也是進行寫作教學時不可忽略的要項，所以在批改時為了讓學習者明白需要修正的地方，一定要使學習者產生「感同身受」、「深獲我心」的感覺，以貼近學習者的語言來指出優缺點，這樣學習者才可以「知其所以然」。

　　以下節錄 97（2008）學年度寫作教學的優良學生作品，以作為將寫作教學融入語文課程的成果展示：

【附錄一】

小作家優良作品欣賞

〈美人洞遊記〉

王筠婷

　　今天是戶外教學的日子，我好高興，因為這次要去美人洞，昨天我還興奮得睡不著覺呢！為了這次的戶外教學，我準備了一個小包包，裡面裝了鉛筆盒、零食、礦泉水、面紙和美味的午餐。早上我在掃地的時候，心裡一直迫不及待的想快點去，八點半我們集合出發，在路上我們經過了珍饌海鮮樓、碼頭還有花瓶石，在花瓶石附近，我們看到了許多奇形怪狀的珊瑚礁和清澈的海水，還聽到小鳥清脆的叫聲，一切真是美好啊！

　　到了美人洞，一開始老師先告訴我們美人洞的傳說，老師說，從前蘇州有一位美人，她和爸爸坐船遇到船難，結果船遇風沉沒，她和爸爸失散後，就漂流到小琉球，居住這在此洞中，所以這個洞就叫作「美人洞」。美人洞還有另一個傳說，就是以前的人重男輕女，只要生女生就把她丟到美人洞讓海水沖走，所以美人洞也叫作「棄嬰洞」。接著我們走過生態步道，沿途有許多美麗景點，如：曲徑探幽、天外天、仙人洞、情人坪、蝙蝠洞、麗池、怡然園等等……。其中我覺得最特別的是天外天、蝙蝠洞和麗池，因為天外天非常有趣，它是由珊瑚礁岩形成的，走進去一片漆黑，一走出來又亮了，真是有趣；麗池裡的水是自然形成的山泉水，所以可以喝，

而蝙蝠洞裡面暗暗的，看起來很神秘，而且有可能有蝙蝠居住在裡面。

在參觀過美人洞的景點以後，接著就到了闖關遊戲的時間了，老師把我們分成四組，我們這隊的隊名是「白沙強鋒」，經過大家的討論後我們的隊呼總算是想好了。遊戲總共有四關，老師說要先闖完前三關之後才能去闖第四關，我們先去闖第三關，第三關是白面書生，規則是要先猜謎，再從麵粉裡用嘴巴咬起糖果，大家玩完臉也白了，就跟關名說的一樣呢！接著我們在去玩拼圖競賽，我們分工合作把拼圖給拼好，就去吹吹樂闖關了，吹吹樂是把乒乓球吹到另一個杯子裡，一開始大家一直吹不過去，不過黃泰淇很厲害，因為他一下子就把球吹到另一個杯子了，大家玩到衣服都溼了。最後我們來到最困難的最後一關，天呀！沒想到，關主要我們擺出最性感的姿勢，才能讓我們闖關，我們只好捨棄面子擺出性感的姿勢，關主終於拿出紙和色紙讓我們貼。

玩完了闖關遊戲，我的肚子咕嚕咕嚕的叫著，午餐時間到了，大家到望海亭吃午餐，我的午餐是總匯三明治，我一邊看風景，一邊吃午餐，真悠閒。老師說要吃完午餐才能上樓玩，結果有人竟然拿著午餐跑上去了。吃完午餐老師帶我們去麗池，本來要去喝裡面的水，但由於洞裡太黑了不敢進去，最後我們拍了幾張合照，就依依不捨的回學校了。這次戶外教學我覺得有很大的收穫，因為這次不但認識更多知識，還體會到「團結力量大」的意義呢！

【附錄二】
小作家優良作品欣賞

〈考試前後〉

蔡昀靜

　　考試快到了，我很緊張，因為從來沒有考過社會、自然和英文，我怕考不好。考前我拼命看書，每一個科目我都一直來來回回看了好幾遍，媽媽也很怕我考不好，也幫我複習。

　　同學都像是怕時間不夠似的，努力提筆作答。同學臉上的表情又高興又懊惱，整個教室只聽見紙張翻動的聲音。我拿到考卷的時候很緊張，就怕自己不會。考試結束了，我的心情終於鬆懈下來，下課時，同學個個七嘴八舌的討論剛才的考卷，有興奮有難過，我只希望我能考得很好。

　　考試成績發下來的時候，我五科都沒有一百分，令我有點失望，但是媽媽說：「你已經很努力了，下次再更加努力，不要放棄。」下次考試我一定要更加用心準備，讓成績進步，更上一層樓。

〈美人洞遊記〉

蔡昀靜

　　今天是戶外教學參觀的日子，為了要去戶外教學，我們準備了好多東西，早上大家就拼命的掃地，想要趕快把工作做完。在大家都準備好了之後，我們帶著雀躍興奮的心情出發，一路上同學們說說笑笑好不開心，很快的就抵達目的地美人洞。我覺得美人洞的空氣很新鮮，呼吸起來感覺好舒服，讓人忍不住想多吸幾口，接下來老師帶我們參觀美人洞，我看到天外天、情人坪、仙人洞、望海亭、先人泉、怡然園等美麗的景點，我覺得最特別的是望海亭，因為那裡可以看到很美很美的海景。

　　接著到了闖關遊戲時間，闖關遊戲有四關，第一關是拼圖競賽，第二關是吹吹樂，第三關是白面書生，第四關是撕貼畫。我覺得最好玩的是白面書生，因為可以咬麵粉裡的糖果，大家都玩得很開心。

　　到了中午，老師帶我們去望海亭用餐，我的午餐是三明治，那是媽媽幫我準備的愛心午餐，大家一邊玩一邊玩，真有趣。

　　今天的戶外教學，除了參觀景點和玩遊戲以外，我還認識的許多植物，這些植物是平常即使我們經過好幾回也不會去注意的植物，例如血桐、海檬果、姑婆芋……等，經過今天的教學後，我會更用心欣賞美麗的事物。

第五節　在彈性課程融入綜合語文教學的策略

最後在彈性課程預計配合本校海洋教育計畫進行教學，而且在進行了前面相關的聽、說、讀、寫教學之後，彈性課程的規畫上就比較屬於成果展示的一種。為了驗證先前所有的教學活動，我把小書製作的教學活動放在彈性課程，並且進行了跨領域的結合。一本小書的製作不僅僅是藝術與人文領域，還包含了內容海洋生物的自然領域，水族們生活的潮間帶是屬於社會領域，最後小書的製作上所需要的文章內容則是語文領域的範疇。而結合了以上的領域所展現出來的彈性課程，則是跨領域的成果展。

因此，教學者在進行統整課程設計的時候，如果對於統整的概念沒有清楚的認識，那所設計出來的課程很容易就流於「學科本位」的統整，無法讓學習者產生有意義的統整學習。

統整的概念可依照 James A. Beane「經驗統整」、「社會統整」、「知識統整」及「統整及課程設計」的觀點，（林佩璇等合譯，2000）簡單說明如下：

一、經驗統整

人的經驗具有連續性與動態性。在教育上應該以學習者的經驗作為課程與教學設計的核心。所謂的經驗，是透過親身的視、聽、感、知而得的直接的資訊，經過舊經驗的融合，漸漸發展出嶄新的經驗。個人在經由與外在的人、事、物互動中，不斷充實與累積經驗而有所成長。

二、社會統整

　　Beane 認為學校課程要從社會改革或重建的立場，以關懷的、批判的反省思考當前社會的各項議題。如此學習者所接觸的學習是真實的，他所學習的知識可以和目前的社會脈動相結合。日後學習者進入社會就能夠馬上及時的關切社會議題，並且以具體行動尋求社會的進步、成長與革新。Beane 也強調在民生的教室社區中，學校和社區生活是統整的，是以問題為中心的統整課程設計，這是課程統整最有力的概念。（歐用生，1999）

三、知識統整

　　在日常生活上，我們所運用的知識是要解決真實問題，如果以學校所標示的分立方式，往往無從理解和應用知識。統整知識具有三方面的特性：第一為容易取得，脫離學科框架融入情境脈絡，與具體經驗結合呼應社會狀況，這樣的知識就在生活中，隨手可得；第二知識是動態有意義的工具，是落實應用任何個人或群體都可加以應用來處理生活中的問題；第三是民主平等，就民主社會立場來看，分立學科所反映的知識具有階層性，所反映出來的是高層文化當中社會和學術菁英所關心的知識問題和議題。一般人所關心的與日常生活有關的個人和社會議題則被漠視。為了消彌這種情況，要讓統整的知識作為解決真實問題的工具，並把民主帶入學校的生活中。（單文經，2001）統整的知識能從真實的生活界定問題，並從廣泛的知識來探討和解決問題。

四、統整及課程設計

單文經（2001）認為這種課程設計的方式，可以歸納出五種
特性：

1、 真實世界的課題：課題應該以問題和議題加以組織，而這
　　些課題必須來自真實的生活世界，而且是個人及社會認為
　　重要的議題。

2、 整合學習的經驗：上面所說的議題就是所謂的組織中心，
　　在計畫學習經驗的時候，必須能再以問題和議題為組織中
　　心或主題的脈絡下，把各種適當的知識加以整合。

3、 切近實踐的知識：知識的建立固然必須以具有切近意義的
　　組織中心為考慮，知識的應用也必須為將知識付諸實踐，
　　以便解決所關連的現行問題，而不是為了通過考試達到升
　　學或是升級的目的。

4、 活動教學的方案：活動教學所設計的各項方案，必須強調
　　以活動為導向的教學，這樣才方便含括知識的應用，並且
　　增加學習者統整課程經驗到意義基模中的可能性。

5、 師生共同的設計：如果可以將學習者的意見納入教材活動
　　的編排，並且請學習者共同參與課程設計，則整個教學活
　　動會更具有真實、整合、切近、實踐、活動等的意義，進
　　而可以使學習者親身經歷問題解決的民主過程。

由以上的論述可以得知，統整概念的課程設計就是彈性課程活
動設計的核心，而整個活動絕不單只是以某些主題為中心，再把若
干個科目作重新的安排。真正的彈性課程統整設計，必須整合相關

的人員共同進行課程發展，從課程的設計與計畫、教學活動的安排、課程的評鑑到學校文化的帶動等；因此每個學校的彈性課程的編排往往都花費極大的人力，而且課程的編排上往往還會具有連貫性。以下所附為本校針對海洋教育所編寫的彈性課程大綱，供讀者參考：

表 6-5-1　屏東縣白沙國小 97 學年度海洋教育彈性課程大綱

年段	單元名稱	教材通則內容	節數
一上	我的家鄉小琉球	1. 小琉球的位置（珊瑚礁島）、地標（花瓶石）。 2. 家鄉常見的魚：揚旛蝴蝶魚、花斑擬鱗魨（小丑砲彈）、四線笛鯛、白條海葵魚（小丑魚）。 3. 培訓小小解說員。	8
一下	珊瑚的生態	1. 珊瑚是動物還是植物？鹿角珊瑚、輻葉雀屏珊瑚。 2. 家鄉常見的珊瑚礁魚類：白吻雙帶立旗鯛、短喙鼻魚、疊波蓋刺魚、金環寶螺、海星……等。 3. 小小解說員培訓。	8
二上	珊瑚的家	1. 臺灣哪裡有珊瑚？ 2. 珊瑚的生長條件。 3. 五彩繽紛的珊瑚礁魚類：長吻蝴蝶魚、六帶蝴蝶魚、條紋蓋刺魚、鬚鯛科單帶海緋鯉、海膽……等。 4. 小小解說員培訓。	8
二下	珊瑚如何繁殖後代	1. 珊瑚靠什麼過活？珊瑚產卵與成長的考驗。 2. 五彩繽紛的珊瑚礁魚類：六線豆娘魚、擬刺尾鯛、河豚、獅子魚（觸角簑鮋）、克氏海葵魚、海星……等。 3. 小小解說員培訓。	8
三上	珊瑚礁的形成	1. 珊瑚如何形成珊瑚礁。 2. 珊瑚礁的種類：環礁〈澳洲大堡礁〉、島礁、裙礁（厚實裙礁）。 3. 珊瑚的朋友：蓋馬氏盔魚、透紅小丑、橫帶扁背魨、龍蝦、黃衣葉鯛魚等。 4 小小解說員培訓。	8

三下	珊瑚生病了	1 珊瑚的白化現象。 2.珊瑚的朋友：隆頭魚、章魚、烏賊、海龜、海參、螃蟹……等。 3.小小解說員培訓。	8
四上	搶救珊瑚總動員	1.珊瑚危機。 2.珊瑚的競爭者：棘冠海星、大法螺（海星的剋星）。 3.與珊瑚共生：櫻花蝦、海葵、眼斑海葵魚（小丑魚）、寄居蟹。 4.小小解說員培訓。	8
四下	海中小霸王	1.珊瑚多樣面貌：珊瑚家族、海邊彩色珊瑚。 2.海中有毒生物：一魟（魟魚）、二虎（獅子魚、石狗公、毒魟）、三聲門（鰻鯰）、四臭肚（星點魚、象魚、樹葉魚）、棘冠海星（魔鬼海星）、芋螺、六線黑鱸。 3.小小解說員培訓。	8
五上	漫步潮間帶	1.潮汐現象。 2.潮間帶：什麼是潮間帶？ 3.潮間帶常見的生物：陽燧足、寄居蟹、蝦蛄、石蓴、海兔、方蟹（條紋方蟹、白紋方蟹）海葵……等。 4.遊潮間帶注意事項。 5.小小解說員培訓。	8
五下	潮間帶的生命力	1.什麼是洋流、黑潮、親潮？ 2.潮間帶豐富的生物：海蛞蝓、藻類、甲殼類、貝類、棘皮動物、腔腸動物。 3.小小解說員培訓。	8
六上	潮間帶豐富的資源	1.在潮間帶可以進行哪些休閒活動？釣魚…… 2.潮間帶豐富的資源：海菜、箱網養殖…… 3.潮間帶活動：捕魚、採海菜、挖土鬼…… 4.你看過哪些的產業加工？熬海菜凍、曬魚乾…… 5.小小解說員培訓。	8
六下	海洋生態危機	1.海洋生態殺手：毒、電、炸魚危害海洋生態之嚴重性。 2.海洋生態殺手：三層網，了解隨意將網具棄置於海中將會造成海洋生態浩劫。	8

| | | 3. 海洋生態殺手：防波堤、消波塊。過度興建防波堤與
設置消波塊，將會造成海水洋流的改變，嚴重影響當
地原生族群或聚落的生存環境，造成滅種危機。
4. 積極作為：生態保育、人工造礁。
5. 小小解說員培訓。 | |

參考網站：

http://tw.myblog.yahoo.com/jw!6YSplxiTFw7Drtx00eCl/article?mid=
　　182

http://www.jhes.km.edu.tw/lieyu/content3/ame3.htm

http://ceag.phc.edu.tw/~creativity/fkps/

http://tw.myblog.yahoo.com/neish-tsai/article?mid=689&prev=706&
　　next=686

http://travel.network.com.tw/tourguide/mtravel/ocean/ocean6.asp

http://tw.myblog.yahoo.com/jw!MuVO312WGQFQGb5grWWwGkc-/
　　article?mid=274&prev=275&l=f&fid=16

http://www.pixnet.net/album/lovepenghu/631539/1

http://www.fa.gov.tw/chn/fishshell/poison/user_manager.php?kind=
　　%B3%BD%C3%FE

http://www.penghu-nsa.gov.tw/travel/beauty/beauty-1.asp?BMKey=
　　318&BKey=439

http://www.ktnp.gov.tw/manager/pageeditor/Stations/CP/file/explain
　　04/42.pdf

http://fishdb.sinica.edu.tw/~fishdmp/fhNormal/page03/f03.htm

ttp://tw.myblog.yahoo.com/jw!MuVO312WGQFQGb5grWWwGkc-/a
　　rticle?mid=273&next=272&l=f&fid=16

http://www.ktnp.gov.tw/coral/04/04_2.htm

http://shell.sinica.edu.tw/chinese/index_c.php

http://science.nmmba.gov.tw/web/education/coral_tw/print.htm

http://www.pts.org.tw/%7Eweb01/coral/p1-2.htm

　　由上表可以得知，由淺入深出的編排相關課程，提供學習者跨領域的學習環境，不僅僅是統整學習者的舊生活經驗，更加入新的環保生態元素在內。除了希望學習者可以藉由彈性課程對自己的生活的生態有更深入的了解，在教學策略上將採取小書製作的教學方式，讓學習者自己去思考，什麼樣的小琉球生態才是最自然、最符合當前的社會議題，並且在學校學習傳統知識及應有的技藝之餘，可以將這些技能應用在介紹小琉球的語文發展活動上。

　　小書製作的過程，教學者只站在引導的立場指引學習者如何尋找資料、顏色配對、以及小書內容的編排和文章撰寫，完全讓學習者自由發揮所學，更希望藉著教學讓學習者明白目前小琉球生態所面臨的浩劫，並藉此喚起學習者愛鄉愛土的鄉土意識，因為保護自己的家鄉是每個在地人刻不容緩、義不容辭的責任與義務。

第七章

小琉球風土人文相關的語文教學活動設計

第一節　配合語文課程中閱讀教學的教學活動設計

在進行本章的教學活動設計之前，我曾經就服務學校所使用的康軒教科書版本進行調查，發現在配合小琉球的風土人文的語文活動發展上有許多課程可以吻合，茲將其整理節錄如下：

表 7-1-1　康軒版《國語》有關地方風土人文的課文整理

冊次	年級	單元主題	課文題目	課文內容概要	融入小琉球風土人文	語文教學
5	3上	走過老地方	淡水小鎮	由四首短詩組成，分別描寫淡水小鎮的特色：老街、阿婆鐵蛋、紅毛城和夕陽下的小船。	閱讀黃慶祥的詩作：〈山海組曲〉	閱讀
			安平古堡參觀記	以日記的方式，記敘作者參加校外教學，參觀安平古堡的陳列館、古炮、瞭望臺、老城牆的經過和感想。	配合美人洞戶外教學課程	寫作
			回到鹿港	記敘作者回鹿港玩，認識了九曲巷和半邊井的特色及歷史。	花瓶岩、琉球特色介紹	說話

6	3下	打造新社區	家在船仔頭	記敘作者和爸媽回到老家船仔頭，發現原本沒落的農村因社區改造，發展地方特色，而帶來了觀光人潮。	漁村生活、觀光發展	說話
			霧上桃源	記敘作者全家到清境農場旅遊，介紹農場美麗風光及雲霧變化。描寫農場經過精心打造又有新的活力。	觀光發展、景點介紹	寫作
7	4上	大地之美	野柳風光	記敘作者全家遊覽野柳，欣賞奇岩怪石、夕陽、觀潮聽浪，讚嘆野柳迷人的海岸風光。	配合戶外教學：中澳沙灘、潮間間探訪	閱讀寫作
8	4下	民俗風情	請到我的家鄉來	記敘世界像一扇繽紛的窗，「千佛之國」泰國、古國埃及、土地低窪的荷蘭、南美洲地勢最高的玻利維亞，都有不同的地理景觀和風俗民情，等著我們去拜訪。	小琉球特色	閱讀景點介紹
			走進蒙古包	記敘作者一家人到蒙古旅遊，看到大草原的遼闊景象。充滿民族色彩的蒙古包、一望無際的草原和熱情蒙古人都令作者回味無窮。	小琉球漁村風情	說話（小琉球的改變）
			阿里棒棒飛魚季	記敘每年三月是達悟族的飛魚季節，從活動前的準備到祭典的進行，整個蘭嶼都充滿歡樂的氣氛。	小琉球王船祭	故事閱讀、作文記敘
			媽祖繞境行	以新聞報導的方式呈現媽祖繞境的熱鬧氣氛，讓我們在認識臺灣獨特的民俗活動之餘，也了解媽祖的傳奇故事。	小琉球王船祭	故事閱讀、作文記敘
9	5上	走進大自然	湖濱散記	摘錄自梭羅的《湖濱散記》精采章節。以優美的筆調描述湖濱的景色以及湖畔生活的特殊情趣。	小琉球風景介紹	閱讀、說話、作文

			來去都蘭	介紹美麗的桃花源——依山傍海的都蘭，讓遊客在陶醉之餘，也成為置身其中的風景。	認識潮間帶生態	閱讀、小書
			溪谷間的野鳥	記敘隱密幽靜的溪谷間，溪鳥的活動情形和生活方式。	認識潮間帶生態	閱讀、小書
			熊與鮭魚	說明熊與鮭魚如何在大自然中串起神奇的食物鏈，編織奧秘的生態網絡，維持整個生態的平衡。	認識潮間帶生態	閱讀、小書
10	5下	美麗窗口	月光下	記敘一對父子趁著月光出外散步時的所見所聞。文章鉅細靡遺、觀察入微的描述，讓人深刻的體會到月光下的寧靜與美好。	漁村生活	作文
			油桐花開	透過作者油桐花千姿百態的描述，以視覺和心靈去感受油桐花靜態與動態的美感。	學習者心中的小琉球特色	說話、寫作、小書
			山裡山外	以現代詩歌和古典詩比較閱讀的方式，學習從不同的角度去欣賞、了解事物。	配合黃慶祥的詩進行閱讀	閱讀、說話（新詩朗讀）
11	6上	文化行腳	馬可波羅遊中國	作者生動的描繪馬可波羅到中國的精采經歷，呈現中國當時繁榮的景象，讓我們了解馬可波羅對東西方文化交流的影響。	文化闡述	寫作、閱讀
			菊島巡禮	以遊記的方式，介紹澎湖特殊的海洋和島嶼文化，讓我們深入了解鄉土，從中體驗前人的生活智慧。。	統整介紹	寫作、說話

資料來源：康軒，2009。

　　因為我所任教的年級是三年級，因此我選擇三年級上學期的「淡水小鎮」、「安平古堡參觀記」、「回到鹿港」這三課進行教學活動的課程設計。現在我將針對閱讀活動所設計的教案呈現如下：

表 7-1-2　閱讀教學教學活動設計

教學活動					
教學領域	三上，國語第四課：淡水小鎮。融入小琉球風土人文教學		教學時間	80 分	
主題	詩歌欣賞：〈山海組曲〉		子題	閱讀教學	
教學目標	1.透過詩歌的閱讀賞析，加深對小琉球名勝——美人洞景致的美好印象。 2.體驗用聲音、動作表現出所感知到的詩的意象。				
詩歌內容大意	〈山海組曲〉一詩為黃慶祥所作，收錄於《琉球行吟》詩集中。本詩描寫作者在清晨時分探訪美人洞時的所見所聞，站在居高臨下的望海亭上，一邊聽潮觀浪，看著海浪波波拍打在岩石上，傾訴悠悠心思；一邊又側耳傾聽偶然如鍵盤般的起落的鳥鳴聲，編織歡欣的裝飾音，聽覺享受著海浪與鳥鳴彈奏出寧靜優美的二重奏——〈山海組曲〉。				
先備知識	1.對詩歌形式的基本認識及朗讀的語調變化。 2.曾造訪美人洞景觀的生活經驗。				
能力指標	語文	E 1-2-1-1：能讀懂課文內容，了解文章的大意。 　1-4-2-2：能和別人分享閱讀的心得。 　1-7-2-1：能流暢朗讀出文章表達的情感。 C 1-1-2-7：能依照文意，概略讀出聲音的節奏。 　1-1-10-13：說話語音清晰，語法正確，速度適當。			
	藝文	1-2-2：嘗試以視覺、聽覺及動覺的藝術創作形式，表達豐富的想像與創作力。			

教學活動內容	教學時間	教學資源情境布置	教學評量
一、活動： (一) 教師準備符合詩中提及的美人洞景觀照片數張，如：海浪拍打礁岩、伯勞鳥、相思樹、銀合歡等。以圖像輔助閱讀。 (二) 引起動機： 　1.教師揭示主題：在學過第四課淡水小鎮，我們對淡水小鎮的印象有老街、紅毛城、淡水河、夕陽等，這一節課我們	5 分	美人洞景觀照片數張	

要欣賞一首同樣是詩歌寫成的〈山海組曲〉，裡頭動人的美景不在千里之外，就在我們的生活周遭的——美人洞。		
2.將文章發給小朋友，請他們自行先瀏覽或小聲的閱讀。		能自行瀏覽或小聲的閱讀。
二、發展活動：		
(一) 詩的內容大意：		
1.教師提問：在讀過這首優美的詩後，也許小朋友有些方似懂非懂，但你能大概知道它是一首關於什麼樣的詩嗎？ S1：山和海，從詩的題目知道的。 S2：描寫有關風景的。 S3：寫大自然的。	2分	能依照問題，表達出自己的感受。
2.教師回饋與歸納：小朋友對詩的感受力很好喔，一開始就知道它的題材是什麼。這首詩是作者黃慶祥先生到美人洞探訪時，他所看到、聽到的景象。		
3.請小朋友朗讀詩的第一段，用自己對詩的感覺，將語調變化表現出來： 「大海有說不完的心事 一遍遍向大地傾訴 鐵了心的岩石依然 不為所動 屹立千萬年的靜肅」	10分	能以適當的音量、語調朗讀第一段。
4.教師將海浪拍打礁岩的照片張貼於黑板上。請小朋友在讀過第一段後，觀察照片裡的景象，圖與詩文互為對照。		
5.第一段內容理解問題： (1) 第一句提到大海向大地傾訴心事，再看看這張照片，你覺得大海是透過什麼來把心事告訴岩石呢？ S1：我知道，是海浪。		能依照問題，表達出自己的感受。

S2：海浪一波一波的，流過來又流過去。 S3：海浪一直不停拍打岩石，好像一直在跟它說話。 (2) 那岩石對大海有所回應嗎？從哪一句可以看出來？ S1：沒有，因為它說它鐵了心的岩石依然不為所動。 S2：沒有回應，因為，它說岩石屹立千萬年的靜肅，千萬年都很安靜。 6. 第一段延伸想像問題： (1) 你覺得大海和礁岩的關係如何？如果你是大海，你會有什麼感覺? 　　S1：大海喜歡岩石，可是岩石不理它。 　　S2：大海很孤單，沒有朋友。 　　S3：大海很可憐，因為它一直說心事都沒得到岩石的回答。 (2) 礁岩給你的感覺如何？ 　　S1：鐵石心腸都不理大海。 　　S2：岩石不是不理，是它本來就不會說話。 　　S3：岩石安靜的站著千萬年，很不簡單。 7. 請小朋友朗讀詩的第二段，用自己對詩的感覺，將語調變化表現出來： 　「乘著伯勞的翅膀 　歡喜的音符 　周遊於矇矓的山林 　踩踏幾下相思的鍵盤 　挑撥幾根合歡的琴絃 　驚醒一春的睡眠」 8. 教師提問小朋友這一段提到了哪些動	10分	能以適當的音量、語調朗讀第二段。

植物？ 　S：伯勞鳥、相思樹、銀合歡。 9.教師將伯勞鳥、相思樹、銀合歡照片張 　　貼於黑板上。伯勞鳥、相思樹和銀合歡 　　是小琉球常見的候鳥及濱海植物，美人 　　洞的生態景觀之一。 10.第二段內容理解問題： 　(1)「乘著伯勞的翅膀，歡喜的音符，周 　　　遊於曚曨的山林」那歡喜歡的音符是 　　　誰發出的？ 　　　S：伯勞鳥。 　(2)「踩踏幾下相思的鍵盤，挑撥幾根 　　　合歡的琴弦，是在描寫伯勞鳥在做 　　　什麼？ 　　　S1：伯勞鳥在相思樹枝上跳躍。 　　　S2：伯勞鳥在樹林間飛過來飛過去。 教師提示小朋友，伯勞鳥踩踏樹枝或在林間飛上 飛下，踩踏相思的鍵盤，挑撥合歡的琴絃，你覺 得所發出來的聲音是什麼樣的？ 　　　S1：很好聽。 　　　S2：很悅耳。 　　　S3：像音樂一樣好聽。 　　　S4：像一首動人的樂曲。 　(3)「驚醒一春的睡眠」點出了季節和是 　　　什麼時候？ 　　　S：春天。 11.第二段延伸想像問題： 　(1)讀過第一段和第二段，你覺得作者 　　　所要描寫的感覺有沒有變化？變得 　　　如何？ 　　　S1：有，變得比較快樂的感覺。 　　　S2：有，變得很熱鬧，因為有伯勞鳥			能依照問題，表達出自己的感受。

在唱歌。 S3：有，大海的聲音聽起來比較孤單， 　　　伯勞鳥比唱歌的聲音較快樂。 12.請小朋友朗讀詩的第三段，用自己對詩 　　的感覺，將語調變化表現出來： 　　「輕風迎來清晨 　　右耳冥思大海的心事 　　左耳響起伯勞的歡欣 　　遠方小船的引擎 　　載浮載沉 　　似為大海抱不平 　　青鳥殷勤 　　不停地上下穿梭 　　編織歡喜的裝飾音」 13.第三段內容理解問題： 　(1)「輕風迎來清晨」點出了作者到美人 　　　洞的時刻是？ 　　S：早晨。 　(2)教師提示「右耳冥思大海的心事，左 　　　耳響起伯勞的歡欣」這一句寫出了兩 　　　種聲音聽起來不同的感受，誰在為大 　　　海的委屈打抱不平呢？ 　　S：遠方的小船。 　(3)除了有兩種聲音交織、演奏，還有誰 　　　也加入了演奏的行列？ 　　S：青鳥 教師說明：裝飾音的用途，就是用來點綴旋律， 　　　　　讓音樂的旋律更優美。 14.第三段延伸想像問題： 　(1)讀過這一段，請你想像一下美人洞清 　　　晨的畫面裡有什麼？你的感覺如何？ 　　S1：有大海、岩石、伯勞、相思樹、	10分		能以適當 的音量、 語調朗讀 第三段。 能依照問 題，表達 出自己的 感受。

銀合歡、小船、青鳥。 　　S2：有很多聲音，感覺很豐富。 　　S3：有許多美麗的風景，美人洞感覺 　　　　很漂亮。 15.統整問題：讀過整首詩，你覺得這一首 　　詩所呈現的的感覺是？ 　　S1：很美好。 　　S2：很安祥。 　　S3：很舒適。 　　S4：很熱鬧。 　　S5：很豐富。 16.教師歸納：這首詩有的小朋友說很熱 　　鬧，是因為裡頭有很多聲音，不過那是 　　因為早晨時分很寧靜，我們才能側耳傾 　　聽這大自然的旋律；作者細膩的描寫讓 　　人對美人洞留下美好的印象。 …………第一節課結束………… 二、綜合活動． 　(一) 把詩演出來： 　　1.教師揭示活動主題：上一節我們閱讀了 　　　這首詩〈山海組曲〉，剛剛用聲音表現 　　　（朗讀）這首詩，現在我們要再進一步 　　　豐富這首詩的美感，除了聲音，我們還 　　　可以加上肢體律動、表情等等，把整首 　　　詩用演的方式演出來。 　　2.分組：將全班分成四組（此為班上常態 　　　性分組），請每一組自由創作將自己所 　　　感知到的詩的意象演繹出來。 　　3.活動提示： 　　(1) 在小組進行創作之前，教師可提示聲音 　　　　呈現的方式可以有團體朗讀、分段朗 　　　　讀、分句朗讀、或單人朗讀等。肢體的 　　　　律動可設計成統一的律動或角色扮	3分 3分	

演。表情要隨著詩的內容而有所變化。		
(2) 各組的工作分配，由各組成員溝通協調，教師在巡堂時，不給予干涉，保留學生的原創性。	10分	
(3) 10分鐘後進行第一次表演，並給予評分。	10分	
4. 第一次表演活動：		能與人合作進行創作活動。
(1) 各組依猜拳方式決定出場順序。		
(2) 教師先講解評分項目有五項：語調、儀態、表演的流暢性（團體默契）、創意、同儕回饋。各項目最高五分，滿分共計二十五分。		
(3) 各組依序上臺表演，因為是第一次表演，小朋友可能會緊張、遺忘或動作僵硬、團體默契差、表演不連貫、語調沒有起伏變化等等問題，但在表演完後，教師皆給予肯定，並提供適度的建議，例如：每個人都有適合的角色，不一定強求每一個人都作一樣的演出，如果小組中有較容易緊張或害羞的小朋友可以嘗試較靜態的角色。		能運用聲音、表情、動作把詩的意象表現出來。
(4) 各組表演完畢後，教師再給予7分鐘時間練習，準備第二次演出。	7分	
5. 第二次表演活動：		能與人合作進行創作活動。
(1) 各組依第一次演出的得分高低決定出場順序，得分高的先演出。	10分	
(2) 因為有過第一次的表演及觀摩他組的經驗，加上教師全面給予肯定的回饋及充裕的練習時間，預期第二次表演活動時小朋友的肢體動作會各自自然、豐富，語調會更豐富，團體默契會更好。		
(3) 教師於表演完後進行講評，儘量針對其進步的地方給予肯定。		能運用聲音、表情

(4) 將兩次表演的分數加總，選出表演最好的小組，給予班級記點獎勵。 …………第二節課結束…………		、動作把詩的意象表現出來。
相關資源教具	1.符合詩中提及的美人洞景觀照片數張，如：海浪拍打礁岩、伯勞鳥、相思樹、銀合歡等。 2.《琉球行吟》一書，黃慶祥著，屏東縣政府出版	
相關網站		

　　本活動搭配的是三上康軒國語課本第四課，藉由閱讀黃慶祥所著《琉球行吟》中的〈山海組曲〉，去體會小琉球的在地美，這篇新詩是作者在敘寫探訪美人洞時的所見所聞。由於在進行完第四課「淡水小鎮」教學之後，將配合學校行事曆進行戶外教學活動，中年級導師群計畫的戶外教學地點是「美人洞」，因此我便選擇這首關於「美人洞」景色的新詩作為前導活動，讓學習者對「美人洞」先具備一點前備知識，以方便後來的戶外教學活動進行。

　　在活動一開始的時候，學習者雖然對於活動分配感到興奮，但是對於如何把詩的內容用肢體律動或是小組默契呈現出來感到生澀，而且放不開，所以我安排了兩次的表演機會。學習者在進行第二次閱讀時，將會更用心的感受詩裡所要表達的意境，加上同儕在表演時會互相觀摩，吸收彼此的優點，發揮自己的創意演出，所以在第二次的表演活動時，學習者甚至已經將〈山海組曲〉背起來，完全將自己融入詩裡的意境，然後將它表現出來。

　　在相關資訊貧乏的小琉球尚且有這樣的文學作品可以運用，相信澎金馬這些縣級的離島地區將會有更豐富的文本可供教學者使用，而臺東地區的離島在近幾年人文反思的風潮帶領之下，關於地方鄉土人文的文學創作也是非常豐富，這些都是教學者在發展語文

課程中可以適時融入的素材。以下呈現的是實施閱讀教學時，學習
者演出的成果照片：

圖 7-1-1　閱讀教學成果照片

分組自由創作：把詩演出來	分組自由創作：朗讀練習
分組上臺演示	分組上臺演示
分組上臺演示	分組上臺演示

資料來源：作者攝。

第二節　配合語文課程中說話教學的教學活動設計

　　在說話課程的教學活動設計方面，我利用三上第六課「回到鹿港」作為搭配教學，設計了一個「小琉球旅遊私房推薦」的教學活動。在進行這個活動之前，學習者的先備知識來自於他們的生活經驗；雖然在我這個當老師的心目中，小琉球有很多的特色值得介紹給外來的友人或觀光客，其實我更想要了解在小琉球的孩子心目中，什麼樣的特色才是值得被推薦介紹的。於是我設計了這樣的一個活動，配合語文教學裡的說話教學發展第六課「回到鹿港」的延伸活動。而這個教學活動的目的也很簡單，就是希望學習者可以在課堂時間的限制之下，去思考自己想要介紹說明的特色，擬定心中想要推薦的特色內容，並完整的用口語表達出來。如下：

表 7-2-1　說話活動教學設計

教學活動			
教學領域	三上，國語第六課：回到鹿港。融入小琉球風土人文教學	教學時間	80 分
主題	小琉球旅遊私房推薦	子題	說話教學
教學目標	1. 能以自己身為在地人的立場，選擇一項最想推薦的地方，例如：小琉球的旅遊景點、特色、活動、商家、名產等，範圍不設限。 2. 增進學生對家鄉風土人文的認知，培養其愛護鄉土的情懷。		
先備知識	1. 對小琉球風土人文的認識。 2. 在小琉球的生活經驗。		
能力指標	語文　C-1-4：能把握說話主題。 　　　　C-1-2：能有禮貌的表達意見。 　　　　1-1-10-13：說話語音清晰，語法正確，速度適當。 　　　　1-1-1-1：能清楚明白的口述一件事情。		

教學活動內容	教學時間	教學資源情境布置	教學評量
一、準備活動：教師上完第六課回到鹿港課程後，預告將請小朋友作小琉球旅遊推薦。 二、發展活動： (一) 我的小琉球旅遊推薦： 　1.選定推薦主題：請小朋友能以自己身為在地人的立場，選擇一項最想推薦的地方，例如：小琉球的旅遊景點、特色、活動、商家、名產等，範圍不設限。 　(1) 說一說：你想推薦什麼？ 　　S1：花瓶石。 　　S2：烏鬼洞。 　　S3：我家的民宿。 　　S4：好吃的香腸。 　　S5：碧雲寺。 　　S6：三隆宮。 　　S7：我們賣的炸魚。 　　S8：我們家的小琉球起司餅。	5 分		能決定自己要推薦的主題。
2.擬定推薦內容： 　(1) 教師請小朋友在決定主題後，想一想推薦內容，可以在白紙上寫下來。(不一定要寫) 　(2) 提示小朋友等一下上臺發表，每個人說話的時間約一到兩分鐘，所以擬定的內容不用太長，簡單扼要即可。 　(3) 如果小朋友對想推薦內容不夠清楚，可利用電腦查詢資料，讓自己的介紹更加精確。	20 分	白紙數張 電腦	能擬定好要發表的內容。
3.說話演練： 　(1) 教師提示小朋友在發表時應注意的事項，例如：音量要讓人聽得清楚、	20 分		

表情要自然、儀態要大方、速度不疾不徐、內容簡單但要完整、適度的運用肢體動作等。 (2) 分組演練：將全班分成四組（此為班上常態性分組），請小朋友在擬定好內容後，在小組成員之間相互練習、分享，成員之間給予意見回饋。 4. 上臺推薦： (1) 由教師抽籤決定出場順序。 (2) 教師於每一位小朋友發表完後，給予肯定，採取正面鼓勵的態度，增加小朋友演出的信心，並提出可以加強的部分，作為自己或下一個小朋友發表的參考。 (3) 請臺下的小朋友針對推薦的內容或個人表現，給予意見回饋。 5. 教師總結：小朋友的私房推薦內容不一定要侷限於著名的景點，小琉球還有很多特色，值得推薦，它可能是你與玩伴的秘密基地，也有可能是心目中令人垂涎三尺的美味，或最好玩的活動推薦等，歡迎大家再多多去發現小琉球的美與好。	30 分 5 分		能在小組中練習發表，並給予成員回饋。 能清楚且完整的發表。 能給予發表者意見回饋。
相關資源教具	白紙、電腦		
相關網站			

　　學習者在發表上非常踴躍，但是因為剛開始進行說話教學，而且學習者也剛從二年級升上來才兩個月，加上小琉球的孩子幾乎都是用閩南語在作日常生活溝通，在國語的咬字發音上容易陷入ㄓ、ㄔ不分或是ㄣ、ㄥ不分的情況，所以在教學者給予評語的時候發音暫且不列入評判的項目，以儘量要求學習者的肢體動作和儀態大方為主，並能作到清楚口述所要介紹的內容物即可。雖然看起來簡單，但是對這群學習者來說，這不但是他們的初體驗，更是一項挑戰。

　　整個說話活動教學的設計，在未來學習者升上較高階的年段時可以發展成專題報告，而我在過去擔任高年級綜合科任老師的時候，就曾經實施過這樣的教學，而且收穫豐富，讓該次的教學活動在孩子的學習經歷當中，最喜歡小琉球文化體驗的課程。如此一來這樣的說話教學就算是既完整又成功的教學了。

　　以下節錄六個內容比較清楚的學習者作品：

推薦內容 1

　　在土地公廟的前面，有一間名叫「小琉球起司餅」的店面，食物的外皮酥酥的，裡面的食材可說是色香味俱全呢！你知道我為什麼特別推薦它嗎？因為它可是我們家人創造的，還是全臺唯一一家喔！雖然小琉球有很多好吃的東西，不過別忘了，來到小琉球一定要吃我們家賣的起司餅喔！

推薦內容 2

　　我要推薦鄭記香腸，這一家是小琉球最早開的香腸店，它建於民國 42（1953）年，因為好吃，所以成為小琉球的名產之一。他

們發明了許多口味，有豆瓣醬、黑胡椒、香料、原味香腸，最近還推出新的紅麴香腸呢！如果沒有到小琉球的話，也可以在網路上訂購喔，總之真的真的很好吃，我就推薦這一味！（舉出大拇指）

推薦內容 3

我要介紹的是碧雲寺，碧雲寺是小琉球人的信仰中心，每年的 2 月 19 日是觀音媽的生日，很多人遷居到本島的人也會回來上香。傳說觀音媽曾經在第二次大戰救過小琉球人呢！大家有空可以到碧雲寺拜拜，祈求平安。

推薦內容 4

在小琉球的本福村，有一間廟宇叫作三隆宮，宮內奉祀朱府、池府、吳府王爺，又稱為三府千歲，琉球的百姓到廟裡求卜都很靈驗，因此每天都有很多人去燒香拜拜。三隆宮和碧雲寺是小琉球人的信仰中心，每三年就有一次的「迎王」，很多人都會回來參加，希望今年的迎王大家都可以來看看。

推薦內容 5

我要介紹烏鬼洞，要到烏鬼洞只要沿著貝殼砂岸往南走，就可以到達。烏鬼洞有許多淒美的傳說故事，而且它是由珊瑚礁岩所堆積而成的，希望大家有空到烏鬼洞來玩。

推薦內容 6

我要推薦的是小琉球的「靈山寺」，建築很雄偉，位於小琉球北方的山崖，小琉球的靈山寺旁還有一座花瓶石，那裡可以游泳，

也可以看到很多魚和螃蟹還有海膽，歡迎大家多多去廟宇拜拜，也要去花瓶石玩。

　　其實由以上學習者的反應可以發現，學習者提到小琉球所聯想的景點已經和生活經驗緊密連結了，因為一般的學習者在特色介紹的時候大部分都會針對風景區作介紹，更何況是個剛升上三年級語文發展正在起步的學習者。由於大多數的學習者一聽到這次的教學主題是介紹特色，同時也受到國語課上課內容的影響，所以大部分的學習者就以景點介紹作為推薦內容，就開始找「烏鬼洞」、「美人洞」和「山豬溝」的景點介紹。

　　然而，在課程開始的時候，我便強調過所要介紹的特色，不侷限於觀光景點，而是以學習者生活周遭的所見所聞作為出發點，所以出現了學習者介紹自己家所開的民宿或是特色美食，但其中也有五名[1]小朋友分別介紹了「碧雲寺」和「三隆宮」這兩間公廟和「靈山寺」這間角頭廟。介紹觀光景點是已經可以被預期的行為，但是介紹廟宇就很令我意外！因為學區的關係，本校學區距離兩間公廟都有一點距離，加上前往兩座公廟的路上是小琉球的城鎮中心，車輛往返頻繁，對於交通安全上有所顧慮，所以普通時候學習者下課時間家長是不會允許去那邊嬉戲，因此理論上兩座公廟對學習者來說應該是比較不具有認知上的吸引力，但在介紹的比例上卻不低於其他景點，由此可見小琉球當地的學習者對於在地的鄉土人文已經有了相當程度陶冶。以下呈現的是實施教學活動時，學習者在練習的畫面：

---

[1]　本班一共 22 名學習者，其中介紹三個景點的學習者共有 13 人次，而介紹廟宇的共有 5 人次，介紹自家民宿兩人次，介紹美食的兩人次，共計 22 人次的演出。

擬定推薦的內容	分組說話練習
上臺推薦	上臺推薦
上臺推薦	上臺推薦

資料來源：作者攝。

圖 7-2-1　說話教學成果照片

第三節　配合語文課程中寫作教學的教學活動設計

承第一節，在進行完〈山海組曲〉閱讀教學之後，中年級教學群依照學校行事曆安排了「美人洞」戶外教學活動。在行前我和四年級導師就已經先到「美人洞」進行景觀拍照的前置作業，並將那些照片配合我所搜尋的相關資料張貼在教室後方的公布欄，成功的引起學習者的探索動機。如此一來，學習者因為我的教室布置，已經對「美人洞」有了初步的認識，我便設計了以下的寫作教學活動進行教學：

表 7-3-1　寫作教學活動設計

教學活動一			
教學領域	三上，國語第五課：安平古堡參觀記。融入小琉球風土人文教學。	教學時間	160 分
主題	美人洞遊記	子題	寫作教學
教學目標	1.能於美人洞戶外教學參觀探訪活動後，將參訪過程寫於活動紀錄單。 2.能利用活動紀錄與自己對美人洞的感知寫一篇美人洞的遊記。 3.增進學生對家鄉地理環境及自然生態的認知，培養其愛護鄉土的情懷。		
先備知識	1.對美人洞的認識：珊瑚礁地形景觀、常見濱海植物、園區十三景點、傳說故事。 2.第五課參觀遊記的寫作方式：順序法。		
能力指標	語文　F1-4-6-2：能寫出自己身邊或與鄉土有關的人、事、物。 　　　　1-3-4-3：能配合日常生活，練習寫簡單的應用文如：賀卡、便條、書信及日記等。 　　　　1-1-2-2：能在口述作文和筆述作文中，培養豐富的想像力。		

教學活動內容	教學時間	教學資源情境布置	教學評量
1-6：能概略知道寫作的步驟（從收集材料到審題、立意、選材及安排段落、組織成篇），逐步豐富作品的內容。			
一、準備活動： 　1. 教師事先準備電腦、單槍，上課時將播放美人洞戶外教學活動所拍的照片。 　2. 引起動機：教師播放戶外教學照片給小朋友看，喚起回憶與體驗時的感受。 二、發展活動： （一）美人洞戶外教學活動紀錄： 　1. 教師揭示活動主題：剛剛我們看了幾張去戶外教學的照片，好像又再一次回到美人洞一樣。這一節課我們要把今天的戶外教學活動再重新回憶、品味一遍，完成美人洞活動紀錄。 　2. 教師將「美人洞戶外教學活動紀錄單」發給小朋友。並說明這一份學習單記錄方式是按照順序從活動出發前的準備，到開始、經過、結果、感想描述。要細細的一邊回想，再寫下來。 　3. 活動紀錄單寫作引導：教師先提問請小朋友回答，回答後再作記錄。 　(1) 活動的日期、天氣與地點。 　　S：10月23日、天氣晴、美人洞。 　(2) 為了去戶外教學，我準備了哪些東西？ 　　S1：包包、鉛筆盒、零食。 　　S2：還有水、面紙、午餐。 　　S3：三明治、糖果。 　(3) 我們何時出發？要怎麼到達目的地？出發時的心情如何呢？ 　　S1：早上八點半出發。 　　S2：早上掃完地出發。	5分 2分 3分 5分	電腦、單槍、照片 戶外教學活動紀錄單	 能依問題發表意見。 能將自己的想法寫下來。

S3：要用走路的去。 S4：心情很開心、很高興。 S5：很興奮很期待。 (4) 在到底目的地之前，沿途經過了哪些 　　地方？我看到了什麼？聽到了什麼？ ◎S1：經過白沙碼頭。 　S2：老人會和花瓶石。 　S3：還有花瓶石旁邊的生態步道。 ◎S1：看到一邊是海，一邊是山坡。 　S2：看到海邊有很多珊瑚礁。 　S3：看到奇形怪狀的岩石和山坡有很 　　　多植物。 　S4：聽到海浪和鳥叫聲的聲音。 　S5：聽到小朋友的笑聲和聊天的聲音。 　※ 教師提示小朋友可在自己看到的 　　　事物名詞前面加上形容詞修飾，美 　　　化句子；也可將聽到的聲音摹寫出 　　　來。如：看到一邊是海，一邊是山 　　　坡，可以改寫成一邊是蔚藍的海， 　　　一邊是碧綠的山坡。聽到鳥叫聲⇨ 　　　聽到吱吱喳喳的鳥叫聲。 (5) 美人洞這個地方，有著什麼樣的傳說？ 　　※請小朋友將教師在活動過程中介紹 　　　的美人洞傳說，用自己的話寫出來。 　S1：有一位蘇州美女，在遇到船難， 　　　漂流到小琉球，她居住的地方後 　　　來被為稱為美人洞。 　S2：傳說以前的人重男輕女，會把剛 　　　出生的女兒丟到美人洞，所以美 　　　人洞又叫作棄嬰洞。 (6) 走在美人洞的生態步道上，我看到了 　　哪些景點？最特別的是什麼？為什麼 　　特別？	5 分 5 分 10 分		能說出戶 外教學的 路線及自 己所見所 聞。 實作：寫 出戶外教 學的路線 及自己所 見所聞並 作修飾。 能說出美 人洞的傳 說並用自 己的話寫 下來。 能分享自 己印象深 刻的景點

※ 教師提示小朋友活動時介紹過的景點名稱，不用一一寫出，寫有印象的即可，而最特別的景點，要具體描繪。 ※ 美人洞園區計有十三景，如：曲徑探幽、天外天、蝙蝠洞、情人坪、仙人洞、仙人泉、望海亭、美人洞、怡然園、寧靜亭、迷人陣、一線天、榕岩谷。			。
(7) 經過老師的解說後，我認識了哪些濱海植物？印象深刻的是什麼？ ※ 教師提示在園區探訪時所解說、看過的植物，並展示其照片：海檬果、血桐、雀桐、拎樹藤、銀合歡、相思樹、構樹、姑婆芋等。 ※ 印象深刻的植物要介紹它的外形及特性。 例如：海檬果的花是白色的，果實看起來很像芒果，可是它卻有毒不能吃。	10分		能把自己對濱海植物的認識寫下來。
(8) 闖關遊戲有哪幾關？它們要怎麼玩？大家在玩的時候看起來如何？ ※ 戶外教學活動過程中，除了園區的生態探訪，還安排了分組闖關活動，增加活動的趣味性。 ※ 請孩子再回憶一次，用自己的話簡單介紹遊戲的內容，不用詳細說明。 如：拼圖競賽——完成美人洞景點或植物的拼圖。 吹吹樂——將杯裡的球吹出來。 白面書生——用嘴巴咬出麵粉裡的糖果。	5分	濱海植物照片、解說卡	能形容闖關活動時的情形。

撕貼畫——用色紙撕成一幅海底世界圖。		
※ 請孩子寫一句話形容大家在闖關時的情境或心情。		
(9) 玩闖關遊戲時，我覺得最好玩的是？為什麼？	5分	能介紹自己最喜歡的活動及理由。
※ 指導學生先說說自己最喜歡的遊戲和理由，再寫下來。		
(10)美味的午餐是什麼？誰準備的？大家在用餐時，看起來如何？	5分	
※ 請孩子說說美人洞野餐的情形，並形容午餐吃起來的感覺怎樣？還有大家用餐時的情形。		
(11)今天的戶外教學，有哪些收穫？心情如何？我的感想是？	10分	能發表戶外教學的收穫與感想。
※ 請孩子發表自己學到了什麼，再寫下來。		
S1：認識關於美人洞的傳說。		
S2：認識珊瑚礁地形。		
S3：認識很多植物。		
S4：大家能團結在一起闖關。		
S5：留下了很多美好的回憶。		
※ 寫心情及感想時可以想一想自己有這麼多的收穫，感覺如何？或是寫出要離開美人洞時的心情，或寫出對美人洞的感覺和看法。		
4. 教師將完成的活動紀錄單收齊、批閱，並請已完成的孩子協助指導同組未完成的人。如無法在課堂寫完的，須利用課餘時間完成。	10分	能完成戶外教學活動紀錄單。
…………第一、二節課結束…………		
(二) 作文「美人洞遊記」教學：		
1.揭示主題：小朋友學過了國語第五課安	3分	

平古堡參觀記，知道它是一篇按照戶外教學的活動順序寫成的參觀遊記，今天我們也要練習來寫一篇〈美人洞遊記〉。

2. 教師將之前完成的戶外教學活動紀錄單批閱完成，發給小朋友。並提示小朋友，這一份活動紀錄單的內容就是我們寫作的材料。｜12分

3. 段落安排：
　(1) 教師在黑板上寫出準備與開始、經過、結果、感想四個項目，請小朋友對照紀錄單的題目，分類一下這些題目要放在哪個項目之下。如：｜美人洞戶外教學活動紀錄單｜能將寫作材料依項目分類出來。

| 準備與開始 | ①活動的日期、天氣與地點。
②為了去戶外教學，我準備了哪些東西？
③我們何時出發？要怎麼到達目的地？出發時的心情如何？
④在到底目的地之前，沿途經過了哪些地方？我看到 |

| 經過 | ⑤美人洞這個地方，有著什麼樣的傳說？
⑥走在美人洞的生態步道上，我看到了哪些景點？最特別的是什麼？為什麼特別？
⑦經過老師的解說後，我認識了哪些濱海植物？印象 |

深刻的是什麼？

⑧闖關遊戲有哪幾關？它們要怎麼玩？大家在玩的時候看起來如何？

⑨玩闖關遊戲時，我覺得最好玩的是？為什麼？

結果

⑩美味的午餐是什麼？誰準備的？大家在用餐時，看起來如何？

感想

⑪今天的戶外教學，有哪些收穫？心情如何？我的感想是？

(2) 在分類完後，小朋友可以發現每一項目可以運用的寫作材料不少，尤其是戶外教學的「經過」，教師提示學生事件的經過是寫作的重點內容。

(3) 問題：這篇遊記要寫幾段？

　　S1：四個項目剛好可以寫四段。

　　S2：五段，因為「經過」的內容很多，可以寫成兩段。

　　※讓小朋友自己決定段落數，提示如果同一段要分享的內容太多，可多分段寫。

能決定寫作的段落。

5分

4.寫作材料的選擇：

(1) 教師提示小朋友寫作的材料很多，但不能全部都寫到作文裡頭，所以要對材料加以選擇，尤其是事件的經過，

5分

能對寫作材料作選擇取捨

不用鉅細靡遺，選擇自己覺得最感興趣、最想和人分享的部分即可。 5. 段落的銜接：提示小朋友將寫作材料組織成段後，還注意段與段之間的銜接，而因為是依活動順序寫成，所以我們可以運用一些連接詞銜接段與段之間或事件與事件的順序。如：首先、然後、接著、接下來、後來、以及、還有、最後、結果……等。 6. 寫作活動：請小朋友靜下心來思考，動筆寫作。 …………第三、四節課結束………… ※作文批閱： 　第一次批閱：孩子將作品寫在稿紙上，教師批改的重點是挑錯字、修改不通順的句子、刪改離題的段落或過於瑣碎的內容。批閱完後，請小朋友訂正重新謄寫於作文簿裡（回家作業）。 　第二次批閱：教師批閱作文簿裡的完稿作品，挑出優美的句子或段落，針對整篇文章給予建議與評語。	55分 美人洞戶外教學活動紀錄單、稿紙。	 能完成美人洞遊記寫作。
相關資源教具	電腦、單槍、美人洞戶外教學照片、戶外教學活動紀錄單、作文稿紙	
相關網站		

　　戶外教學活動的行程安排在早上進行，中午回到學校之後便利用下午的課程進行戶外教學活動記錄單的寫作教學。利用學習者剛離開活動景點，所有的印象還很深刻的時候進行紀錄，內容會比較完整且豐富。

　　活動記錄單的方式是以問答的形式呈現，教學者在指導學習者填寫活動記錄單時提示可以帶入一些修辭的技巧，例如：擬人、摹聲、

譬喻進行語句的修飾，或者是加入形容詞讓句子更生動優美，不要只是平鋪直敘的描述。如此一來，在後續的〈美人洞遊記〉寫作時，就可以直接引用這些寫作材料，不用另外花費心思去想新的句子或是語詞；除此之外，三年級的學習者剛開始學習寫作技巧，所以對於如何組織段落、寫作大綱等相關知識還不了解，因此我特別花心思在引導學習者組織段落，讓學習者對於能概略知道寫作的步驟（從收集材料到審題、立意、選材及安排段落、組織成篇），逐步豐富作品的內容。

在第六章第四節寫作教學的策略中提到，寫作教學除了引導之外，最重的莫過於教學者的批閱。三年級的孩子剛開始嘗試撰寫一篇完整的文章，有些學習者甚至還停留在造句階段，無法將句子組合成一個段落，甚至還常常出現不通順的句子，因此我將批閱流程分成兩步驟進行：第一次批閱的時候，學習者將作品寫在稿紙上，我批改重點是挑錯字、修改不通順的句子，並刪改離題的段落或過於瑣碎的內容。批閱完後，請學習者訂正重新謄寫於作文簿裡（回家作業）。第二次批閱時，批閱作文簿裡的完稿作品，挑出優美的句子或段落，針對整篇文章給予建議與評語。如此一來，學習者所完成的作品不再是整篇的錯字與訂正，而且再擬稿修正後謄寫在作文簿裡，學習如何表達一篇流暢的文章，並可進一步養成維持作文簿整潔的習慣，讓作文簿不再是充滿了橡皮擦和鉛筆末的痕跡，讓這些醜陋的傷口留在草稿紙上就好，進一步養成整潔的好習慣。此外，我會將學習者訂正後的草稿貼在作文簿裡作為比較，也可以讓學習者看到自己進步成長的地方。最後，美人洞戶外教學活動透過後續的寫作活動，更深化學習者的生活經驗，而且也可以從學習者的作品當中檢視他們的學習狀況。

我將「美人洞」戶外教學活動計畫和後續的活動成果附錄於後，以供參考。

【附錄一】

屏東縣白沙國小
97 學年度上學期戶外教學計畫

一、依據：本學期行曆。

二、目的：透過戶外教學參觀探訪，增進學生對家鄉地理環境及自
　　　　　然生態的認知，培養其愛護鄉土的情懷。

三、時間：10 月 23 日（四）上 8：40～12：30。

四、地點：美人洞。

五、教學對象：二年甲班、四年甲班全體學生。

六、交通方式：步行。

七、活動流程：

時間	活動內容
8:40~9:00	於中廊集合出發，步行至美人洞。
9:00~10:00	園區探訪、生態解說。
10:00~11:00	闖關活動：水杯吹乒乓球、白面書生、景點拼圖、撕貼畫。
11:00~12:30	午餐時間、賦歸。

八、活動指導老師：淑嬌、秀芳、盈足、春枝、宜明、家均、鳳瓶
　　　　　　　　　老師。

九、本計畫經校長核准後實施，修正時亦同。

【附錄二】

屏東縣白沙國小
97 學年度上學期戶外教學活動全紀錄

一、準備活動：美人洞景觀及生態資料展示

公布欄布置：美人洞景點資料	公布欄布置：美人洞植物生態資料

二、戶外教學路線：學校⇨老人會⇨花瓶石旁生態步道⇨美人洞

出發前合照	花瓶石旁生態步道巡禮

上坡生態步道（濱海植物解說）	到達目的地：美人洞

三、美人洞生態探訪

美人洞園區探訪	珊瑚礁地形探索
濱海植物解說	自然山泉：麗池探索

四、闖關活動準備：小隊分組活動

小隊製作隊旗	小隊設計隊呼

五、闖關活動：拼圖競賽、吹吹樂、白面書生、海洋撕貼畫

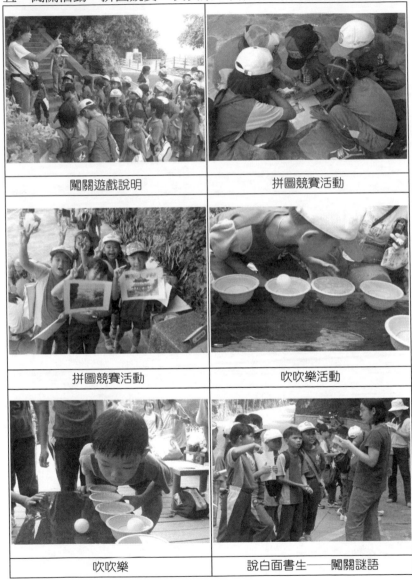

闖關遊戲說明	拼圖競賽活動
拼圖競賽活動	吹吹樂活動
吹吹樂	說白面書生——闖關謎語

六、快樂野餐

| 望海亭野餐 | 望海亭野餐 |

七、臨別合影

全班大合照

全班大合照

八、活動作品展示：闖關活動紀錄卡、撕貼畫作品、戶外教學活動
　　紀錄單

圖 7-3-1　美人洞遊記寫作教學成果

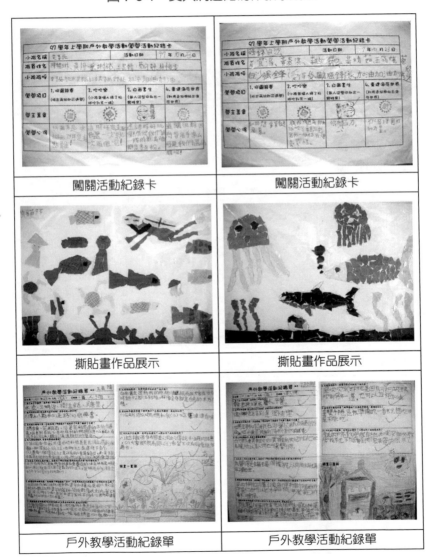

闖關活動紀錄卡	闖關活動紀錄卡
撕貼畫作品展示	撕貼畫作品展示
戶外教學活動紀錄單	戶外教學活動紀錄單

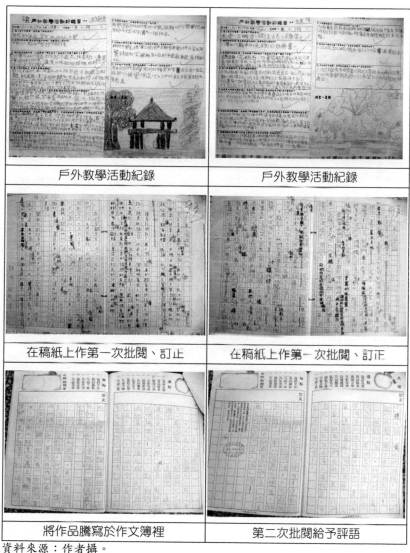

戶外教學活動紀錄	戶外教學活動紀錄
在稿紙上作第一次批閱、訂正	在稿紙上作第一次批閱、訂正
將作品謄寫於作文簿裡	第二次批閱給予評語

資料來源：作者攝。

第四節　配合彈性課程中綜合語文教學的教學活動設計

　　本節所呈現的，是我的學校在 97 學年度下學期所編寫的彈性課程教案擬定的教學進度表：

表 7-4-1　白沙國小 97 學年度第二學期三年級彈性學習課程教學進度表暨學校行事活動

| 月分 | 週次 | 日期 | 彈性課程教學日期〈二、四、五〉 | | | | | 學校行事活動〈五〉 |
			※海洋（12）	※小書製作（10）	閱讀（21）	直笛（10）	電腦（21）	
二月	一	2/9－2/13	2/12（四）2/13（五）		2/10（二）		2/13（五）	2/11 開學
	二	2/16－2/20	2/17（二）		2/19（四）家庭	2/20（五）	2/20（五）	
	三	2/23－2/27	2/24（二）		2/26（四）生命	2/27（五）	2/27（五）	
三月	四	3/2－3/6	3/3（二）		3/05（四）品格		3/06（五）	選拔模範兒童（6）
	五	3/9－3/13	3/10（二）3/13（五）		3/12（四）人權		3/13（五）	
	六	3/16－3/20	3/17（二）		3/19（四）品格		3/20（五）	體育競賽（20）
	七	3/23－3/27	3/24（二）		3/26（四）人權		3/27（五）	學藝競賽（27）
	八	3/30－4/3	3/31（二）		4/02（四）性別		4/03（五）	清明家長日活動（3）

月	週	日期					
四月	九	4/6－4/10	4/7（二） 4/10（五）		4/09(四) 生命		4/10（五）	
	十	4/13－4/17			4/16(四) 家庭		4/17（五）	小小解說員比賽（16、17）
	十一	4/20－4/24	4/21(二)	4/23(四)			4/24（五）	母親節晚會節目訓練（24）
	十二	4/27－5/1	4/28(二)	4/30(四)			5/01（五）	母親節晚會節目訓練（1）
五月	十三	5/04－5/08	5/5（二）	5/7（四）	5/08（五）	5/08（五）		
	十四	5/11－5/15	5/12(二)	5/14(四) 性別			5/15（五）	體育競賽（15）
	十五	5/18－5/22	5/19(二)	5/21(四) 法治	5/22（五）	5/22（五）		
	十六	5/25－5/29	5/26(二) 5/29(五)	5/28 端午節			5/29（五）	
六月	十七	6/1－6/5	6/02(二) 6/05(五)	6/04(四) 法治			6/05（五）	
	十八	6/8－6/12	6/09(二)	6/11(四)			6/12（五）	學生慶生會（2-7月）（12）
	十九	6/15－6/19		6/18（四	6/16(二) 6/19(五)	6/19（五）		小書評選6/19
	廿	6/22－6/26		6/25(四)	6/23(二) 6/26(五)	6/26（五）		
	廿一	6/29－6/30		7/02(四)	6/30(二) 7/03(五)	7/03（五）		休業式

　　由上表可以明顯看出本學期的教學重點擺在海洋課程以及小書製作，而以下將依授課時間作為順序，呈現的是 2009 年 2 月到 6 月的海洋教學的教學活動設計，以及小書製作的教學計畫：

白沙國小 97 學年度下學期三年級【海洋教育課程】教學設計

壹、教案內容

　一、設計者：蔡秀芳老師

　二、學習領域：彈性課程－海洋教育課程。

　三、教學主題：
　　(一) 珊瑚生病了。
　　(二) 珊瑚的朋友。
　　(三) 小小解說員培訓。

　四、教學目標：
　　(一) 能認識珊瑚的白化現象。
　　(二) 能了解白化現象對珊瑚生長的影響。
　　(三) 能辨識及說出數種珊瑚礁生物的外形特徵及生活習性。
　　(四) 能透過小組合作學習，編寫及排練生態解說內容。
　　(五) 能運用不同的媒材，製作解說圖卡及道具。
　　(六) 建立尊重自然，生態保育環境的觀念。

　五、教學對象：三年級學生。

六、能力指標：

(一) 自生 5-2-1-2 能由探討活動獲得發現和新的認知，培養信
心及樂趣。

1-2-5-2 能傾聽別人的報告，並能清楚的表達自己的
意思。

(二) 環境 3-2-1 了解生活中個人與環境的相互關係並培養與
自然環境相關的個人興趣、嗜好與責任。

(三) 海洋 5-2-3 認識水中生物及其外型特徵。

5-2-6 關懷河流或海洋生物與環境養成愛護生命、尊
重生命、珍惜自然的態度。

3-2-6 透過肢體、聲音、圖像及道具等進行以海洋為
主題的藝術表現。

3-2-2 說明家鄉或鄰近的水域環境變遷對生活的影響。

(四) 語文 F1-6-7-2 能練習利用不同的途徑和方式，收集各類
寫作的材料。

C1-4-9-3 能依主題表達意見。

C1-1-10-13 說話語音清晰，語法正確，速度適當。

(五) 藝文 1-2-5 嘗試與同學分工、規畫、合作，從事藝術創作
活動。

七、主題概念：

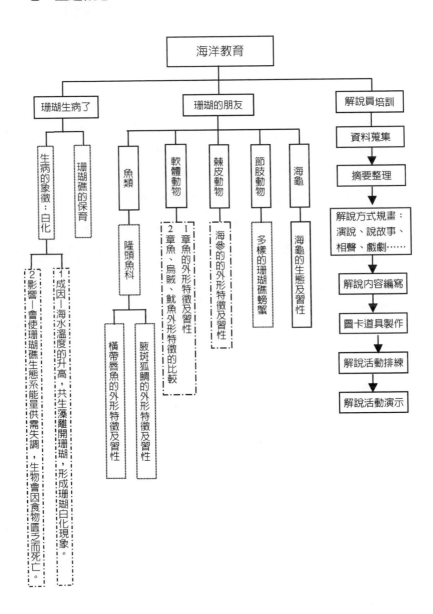

八、教學流程

表 7-4-2　海洋教育課程教學設計

教學活動一			
教學領域	彈性課程——海洋教育	教學時間	二節課
主題	珊瑚生病了	子題	活動一：珊瑚的白化 活動二：珊瑚的保育
教學目標	1.能認識珊瑚的白化現象。 2.能了解白化現象對珊瑚生長的影響。 3.建立尊重自然，生態保育環境的觀念。		
先備知識	2 上：認識珊瑚礁的環境與生態。 2 上：認識珊瑚的生長條件。 2 下：認識珊瑚的食物來源。 2 下：認識珊瑚的繁殖。 3 上：認識珊瑚礁的形成原因及種類。		
能力指標	自生　5-2-1-2能由探討活動獲得發現和新的認知，培養出信心及樂趣。 　　　　1-2-5-2能傾聽別人的報告，並能清楚的表達自己的意思。 環境　3-2-1　了解生活中個人與環境的相互關係並培養與自然環境相關的個人興趣、嗜好與責任。 海洋　5-2-6　關懷河流或海洋生物與環境養成愛護生命、尊重生命、珍惜自然的態度。 　　　　3-2-2　說明家鄉或鄰近的水域環境變遷對生活的影響。 語文　C1-4-9-3 能依主題表達意見。		

教學活動內容	教學時間	教學資源情境布置	教學評量
【活動一】珊瑚的白化 一、引起動機：準備數張珊瑚圖片，引導學生觀察。 二、發展活動： 　1. 提問：說一說，圖片裡的珊瑚身上有哪些顏色？	40 分	珊瑚圖片網路補充資料。	

2. 教師解說： 　(1)珊瑚的種類繁多，色彩繽紛，再加上豐 　　富的生態，整個珊瑚礁區是熱鬧而美麗 　　的，但是剛剛我們看到的圖片，珊瑚身 　　上的顏色，其實不是自己本身擁有的。 　(2)珊瑚擁有豐富的色彩，主要來自體內的 　　「共生藻」。 　(3)如果「共生藻」離開了，珊瑚就會失去 　　豐富的色彩，而變得白白的，也就是珊 　　瑚的「白化現象」。 3. 觀察：教師展示珊瑚白化的圖片。 4. 討論： 　(1)圖片中白化的珊瑚看起來怎樣？ 　(2)共生藻為什麼會離開珊瑚呢？ 　解說：全球氣候暖化，海水溫度升高，會 　　　　使共生藻離開珊瑚而使珊瑚白化， 　　　　墾丁海域附近的核能三廠出水口 　　　　溫排水，也造成大量的珊瑚白化。 　　　　當環境惡劣時，譬如水溫太高或太 　　　　低、水中鹽度因大雨而驟降，或海 　　　　水太過混濁，都會造成共生藻的離 　　　　開而使珊瑚白化。 　(3)如果珊瑚白化了，對珊瑚礁生態有什麼 　　影響？ 　教師歸納：白化是珊瑚生病的象徵，會 　　　　　使珊瑚礁生態系能量供需 　　　　　失調，生物會因食物匱乏而 　　　　　死亡。 【活動二】珊瑚的保育 一、引起動機：利用網路資訊，讓學生觀察各種 　破壞珊瑚生長環境的圖片。 二、發展活動： 　1. 討論：		口頭評量 ：能說出 珊瑚白化 的成因。 口頭評量

		40分	珊瑚圖片網路補充資料	：能說出珊瑚白化對生態的影響。
(1)剛剛我們看到的圖片中，珊瑚所生長的環境正面臨很多破壞，請你說一說這些破壞是怎樣造成的？ ※ 海水溫度的升高造成珊瑚白化。 ※ 土地的開發，造成雨水把大量泥沙帶進海裡泥沙覆蓋，導致珊瑚窒息死亡。 ※ 不當的遊憩行為，如潛水及游泳者踩踏踐斷珊瑚、丟的垃圾被堆積在海底等。 ※ 有機廢水的污染，造成水質優氧化，藻類大量繁殖。 (2)我們可以採取哪些行動來保育珊瑚呢？ ※ 不傷害、不破壞及不採集珊瑚和其他海洋生物。 ※ 不毒、電、炸魚，維護海洋生物資源的永續生存。 ※ 尊重每一種生物的生存權利、不飼養、不購買、不食用珊瑚礁生物，並盡力維護海洋生物的生存。 ※ 不把垃圾及廢棄物傾倒在海邊，盡力維護海洋環境的永續發展。 ※ 做好陸地水土保持，避免泥沙流入海洋覆蓋珊瑚。 ※ 積極參予和支持珊瑚礁保育的各項活動，促進珊瑚礁的永續發展。 2. 教師歸納：珊瑚礁擁有海底中最豐富的生物資源，然而，牠們的生存空間卻常常遭受人為的破壞，需要我們伸出援手，好好保護。 三、評量：填寫【珊瑚生病了】學習單。			學習單	口頭評量：能說出破壞珊瑚礁環境的成因。 口頭評量：能說出保育珊瑚應採取的行動。 實作評量：完成學習單

相關資源教具	電腦網路補充資料、珊瑚圖片
相關網站	珊瑚的白化現象

	http://vm.nthu.edu.tw/science/shows/nuclear/coral/know/12.html 珊瑚 http://www.geos.ntnu.edu.tw/home/1_department/g/oceangrophy/Sea90/3/3.htm 珊瑚的世界**100 多種常見珊瑚** http://www.ktnp.gov.tw/coral/

教學活動二			
教學領域	彈性課程──海洋教育	教學時間	二節課
主題	珊瑚的朋友	子題	活動一：認識海參、章魚、海龜。 活動二：認識橫帶唇魚、腋斑狐鯛、螃蟹。
教學目標	1. 能辨識及說出數種珊瑚礁生物的外形特徵及生活習性。 2. 建立尊重自然，生態保育環境的觀念。		
先備知識	1、2 年級常見的珊瑚礁動物。 3 上珊瑚的朋友：蓋馬氏盔魚、透紅小丑、龍蝦、蟋螺……等珊瑚礁生物。		
能力指標	自生　5-2-1-2能由探討活動獲得發現和新的認知，培養出信心及樂趣。 　　　　1-2-5-2能傾聽別人的報告，並能清楚的表達自己的意思。 環境　3-2-1　了解生活中個人與環境的相互關係並培養與自然環境相關的個人興趣、嗜好與責任。 海洋　5-2-3　認識水中生物及其外型特徵。 　　　　5-2-4　說明水中生物的運動方式。 　　　　5-2-6　關懷河流或海洋生物與環境養成愛護生命、尊重生命、珍惜自然的態度。 語文　C1-4-9-　3 能依主題表達意見。		

教學活動內容	教學時間	教學資源情境布置	教學評量
【活動一】認識海參、章魚、海龜	40分		

一、引起動機：準備數張海參、章魚、海龜圖片， 　　引導學生觀察。 二、發展活動： 　1. 提問：說一說這三種動物的外形特徵。 　2. 教師解說這三種動物的生活習性。 　　(1) 海參： 　　　※ 珊瑚礁最常見的海參——蕩皮參。 　　　※ 海參的美名——海蚯蚓、海邊的清道夫。 　　　※ 海參的自割與再生。 　　　※ 海參的生殖及運動方式。 　　(2) 章魚： 　　　※ 章魚、烏賊外形特徵的比較。 　　　※ 章魚的觸手。 　　　※ 章魚的生殖及運動方式。 　　(3) 海龜： 　　　※ 海龜的種類、生活習性。 　　　※ 海龜生殖。 　　　※ 最常見的海龜－綠蠵龜。 　3. 搶答時間： 　　(1) 教師根據這三種動物的特徵及習性，準 　　　備幾個問題。 　　(2) 將全班分成四組，分組搶答問題，答對 　　　最多者優勝。	海參、章魚 、海龜圖片 網路補充資 料	
【活動二】認識橫帶唇魚、腋斑狐鯛、螃蟹　40分 一、引起動機：準備數張橫帶唇魚、腋斑狐鯛、 　　螃蟹圖片，引導學生觀察。 二、發展活動： 　1. 提問：說一說這三種動物的外形特徵。 　2. 教師介紹這三種動物的生活習性。 　　(1) 隆頭魚科－橫帶唇魚：俗名、外形特 　　　徵、棲息環境、食物等。 　　(2) 隆頭魚科－腋斑狐鯛：俗名、外形特 　　　徵、棲息環境、食物等。	橫帶唇魚、 腋斑狐鯛、 螃蟹圖片、 網路補充資 料	口頭評量 ；能說出 海參、章 魚、海龜 的外形特 徵及習性 。

(3) 螃蟹：多樣性的珊瑚礁螃蟹。 　※ 與珊瑚共生的螃蟹。 　※ 到處丟棄舊殼的螃蟹。 　※ 有毒的螃蟹。 3. 以動物的特性畫概念圖： 　(1) 將全班分成四組，每一組以一種動物為主題，在白紙或黑板上畫出屬於牠的特性的概念圖。 　(2) 每一組依序上臺解說概念圖。	白紙數張	實作評量：能畫出一種動物的概念圖。 口頭評量：能解說這三種動物的外形特徵及習性。

相關資源教具	電腦網路補充資料、動物圖片
相關網站	臺灣海洋生態資訊學習網 http://study.nmmba.gov.tw/ 臺灣魚類資料庫 http://fishdb.sinica.edu.tw/chi/home.php

教學活動三			
教學領域	彈性課程──海洋教育	教學時間	八節課
主題	小小解說員培訓		
教學目標	1.能透過小組合作學習，編寫及排練生態解說內容。 2.能運用不同的媒材，製作解說圖卡及道具。 3.建立尊重自然，生態保育環境的觀念。		
先備知識	1.能認識珊瑚的白化現象。 2.能了解白化現象對珊瑚生長的影響。 3.能辨識及說出數種珊瑚礁生物：海參、章魚、海龜、橫帶唇魚、腋斑狐鯛、螃蟹的外形特徵及生活習性。		
能力指標	自生　5-2-1-2能由探討活動獲得發現和新的認知，培養出信心及		

	樂趣。 1-2-5-2能傾聽別人的報告，並能清楚的表達自己的意思。 環境　3-2-1　了解生活中個人與環境的相互關係並培養與自然環境相關的個人興趣、嗜好與責任。 語文　F1-6-7-2　能練習利用不同的途徑和方式，收集各類寫作的材料 　　　C1-4-9-3　　能依主題表達意見 　　　C 1-1-10-13　　　說話語音清晰，語法正確，速度適當 藝文　1-2-5　嘗試與同學分工、規畫、合作，從事藝術創作活動。

教學活動內容	教學 時間	教學資源 情境布置	教學評量
【活動一】解說資料的蒐集與摘要整理 1. 教師揭示解說的主題：將全班分成數組，請各組以本學期海洋課程所學過的內容，選定解說主題。 　(1) 珊瑚生病了：白化現象與珊瑚的保育。 　(2) 珊瑚的朋友：海參、章魚、海龜、橫帶唇魚、腋斑狐鯛、螃蟹。 2. 請各組討論，選定解說主題。 3. 小組分工合作找解說的資料：電腦網路或圖書借閱。 4. 將找到的資料作摘要整理。 5. 教師詢問各組工作是否完成、合作上有無問題或困難。	40分	珊瑚圖片 動物圖片 電腦、圖書	 實作評量：能訂定主題、作資料蒐集與整理。
【活動二】解說方式規畫與內容編寫 1. 各小組經討論後決定解說的方式：演說、說故事、相聲、戲劇等。 2. 解說內容編寫：小組合力共同創作（演說、故事稿、相聲腳本、演戲劇本……等） 3. 教師於小組活動期間巡堂，給予意見及協助。	80分	稿紙或白紙	 實作評量：能與人合作編寫解說內容。
【活動三】解說圖卡及道具製作 1. 各組準備製作解說圖卡及道具的用具，如：	80分	珊瑚圖片 動物圖片	實作評量：能與人合作

圖畫紙、雲彩紙、彩繪用具、剪刀、膠水、真實道具等。 2. 小組分工製作解說圖卡及道具。 【活動四】解說活動排練 1. 各組依據自己規畫及編寫的解說內容,配合製作的解說圖卡及道具,進行解說活動的排練。(角色分配、記臺詞、動作) 2. 教師於小組排練期間巡堂,給予意見及協助,並進行指導小朋友解說技巧,如聲音、動作、表情等。 【活動五】解說活動演示 1. 成果發表會:各組上臺演示解說的內容。 2. 意見回饋:演示完請臺下的小朋友給予讚美及回饋。 3. 活動經驗分享:請小朋友發表這次活動的感受及心得。	圖畫紙 雲彩紙 80分 解說稿、圖卡、道具 40分 解說圖卡、道具	製作解說的圖卡及道具 實作評量:能與人合作進行解說排練。 實作評量:能與人合作,上臺演示。 口頭評量:能給予他人讚美回饋並發表心得。

相關資源教具	電腦網路補充資料、相關動物圖書及圖片
相關網站	珊瑚的白化現象 http://vm.nthu.edu.tw/science/shows/nuclear/coral/know/12.html 珊瑚 http://www.geos.ntnu.edu.tw/home/1_department/g/oceangrophy/Sea90/3/3.htm 珊瑚的世界**100 多種常見珊瑚** http://www.ktnp.gov.tw/coral/ 臺灣海洋生態資訊學習網 http://study.nmmba.gov.tw/ 臺灣魚類資料庫 http://fishdb.sinica.edu.tw/chi/home.php

　　在經過了一個學年的語文活動的發展，以及本學期（2009）學校發展重點擺在海洋教育的重點教學下，學習者對於小琉球周邊的海洋生態有了更深入的認識，因此在安排海洋課程的延伸活動小小解說員的時候，學習者已經明顯具備了自己創作故事的能力，而教學者在本教學活動中有別於上學期的閱讀教學活動、說話教學活動和寫作教學活動的主動引導。在彈性課程的語文發展上教學者已經轉而變成被動協助者的角色，讓學習者自行尋找素材並進行劇本創作。其中令我感動的，是學習者已經會主動的把完成的作品拿來給我評閱。除了上課時教學者指定的閱讀和查閱資料之外，學習者的小組成員之間會不斷地給予彼此建議，並且利用大量的課餘時間進行作品內容的補強，並且自己主動的去查詢相關資料，這些積極主動的態度有別於命題式作文的完成作業的被動心態，明顯的感到有興趣的多。這樣的轉變足以證明在經過了將近一年的教學之後（2008 年 9 月到 2009 年 5 月），學習者已經對自己的家鄉產生了認同感，並且願意自己花費時間去尋找足以證明家鄉美好的資料，並且藉著自己的語文涵養將其用文字呈現出來。此外，在學校的活動安排下，使用公開戲劇表演的方式呈現出來這也可以視為是上學期（2008 年 9 月到 2009 年 1 月）的閱讀、說話教學的綜合能力展示。並且因為跨領域的教學使得學習者在語文活動的延伸發展上多了許多選擇，也使語文活動的成果更加多樣化也更精緻了。茲將其中一組所創作的故事〈騎士團除惡記〉文字成果和演出成果照片展示如下：

〈騎士團除惡記〉

　　腋斑狐鯛是有名的醫生，有一天魚醫生接到了一封 SOS 緊急密函，魚醫生發出了嗶！嗶！嗶！集合令，急忙著急他五個超強的好朋友（號稱海洋無敵騎士隊）召開緊急會議。

　　魚醫生說：「大家都看過信了吧！這是從太平洋首都的珊瑚王國傳來的 SOS 的求救信，現在珊瑚宮殿面臨生死關頭，珊瑚王國都生了重病，已經白化了，需要我們去解救他們，大家有沒有好方法。」

　　八隻腳的調查員 1 號章魚說：「據我調查結果，導致他們白化生重病的原因是人類造成的。」

　　鐵甲武士螃蟹說：「棘冠海星及人類所製造的垃圾、浮潛、炸毒魚、濫採販賣，破壞海洋生態，造成珊瑚王國面臨生死關頭。」

　　觸手最多的海參說：「我們不可以讓這種情況繼續下去，否則太平洋珊瑚王國都死亡，我們也會失去居住的環境和好朋友，這是海洋世界的浩劫啊！」

　　看大家煩惱的樣子，身上有六條白色條紋的橫帶唇魚說：「啊！我想到了，我們可以叫大法螺軍團和我們一起對抗棘冠海星呀！因為棘冠海星會吃珊瑚，而大法螺又吃棘冠海星，所以大法螺對我們來說是一個很好的幫手。」

　　身上有硬殼的海龜說：「事不宜遲，就快召集大法螺軍團一起到珊瑚王國吧！」

　　魚醫生就把一切說給大法螺聽，大法螺驚訝的說：「原來珊瑚王國已經遭到這麼大的損壞，好！我們跟你一起去。」

　　海龜說：「竟然這樣，我就載你們去珊瑚宮殿吧！」

　　於是無敵騎士隊與大法螺軍團，坐上海龜噴射機，疾速出發，經過三天三夜，終於到了珊瑚宮殿。他們一進門，看到的不是美麗珊瑚，而一片白色珊瑚和垃圾。

　　魚醫生：「怎麼辦！這比我想像中的還要嚴重，我們要趕快清理環境。」

　　突然有一群黑色的東西游過來，海龜：「啊！是棘冠海星，他們要來吃珊瑚了。」

　　大法螺：「沒關係，交給我們吧！」說完，大法螺馬上展開攻擊，其他便開始打掃環境，終於棘冠海星被消滅了，大家也把環境打掃乾淨了，這時珊瑚又變回五彩的顏色，大家看了都笑了。

　　全：「希望大家不要破壞這美麗的環境，多多愛惜海洋生物。」

全劇終
謝謝大家

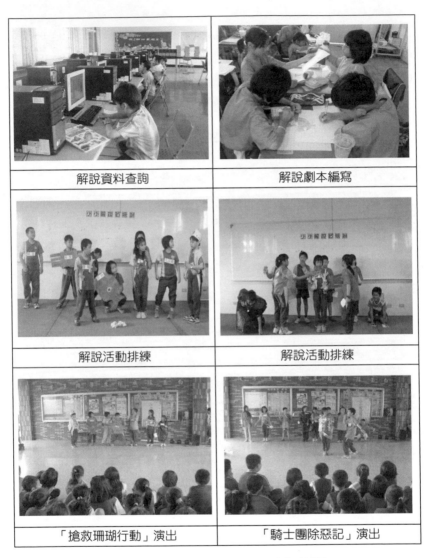

解說資料查詢	解說劇本編寫
解說活動排練	解說活動排練
「搶救珊瑚行動」演出	「騎士團除惡記」演出

圖 7-4-1　小小解說員成果照（作者攝）

　　在海洋教育課程告一個段落之後，皆接下來是其延伸課程「海洋故事小書製作」，我將其教學活動設計附錄在後以供參考：

白沙國小 97 學年度下學期三年級【小書製作課程】教學設計

壹、教案內容

　一、設計者：蔡秀芳老師。

　二、學習領域：彈性課程。

　三、教學主題：【海洋故事】小書製作課程。

　四、教學目標：

　　(一) 能以「海洋」為主題創作，編寫一篇海洋故事。

　　(二) 能依主題為小書製作適合的封面、封底。

　　(三) 能依故事文字敘述，繪製相關插圖，完成小書創作。

　五、教學對象：三年級學生。

　六、能力指標：

　　(一) 海洋 3-2-4 表達對海洋的想像與感受。

　　　　　　　　3-2-5 激發想像力，以個人或小組的方式，編創與水
　　　　　　　　　　　有關的故事。

　　　　　　　　3-2-6 透過肢體、聲音、圖像及道具進行以海洋為主
　　　　　　　　　　　題的藝術表現。

　　(二) 語文 E 1-7-7-3　能從閱讀的材料中，培養分析歸納的能力。

　　　　　C 1-4-9-3　能依主題表達意見。

F-1-6 能概略知道寫作的步驟（從收集材料到審題、立意、選材及安排段落、組織成篇），逐步豐富作品的內容。

F1-6-7-2 能練習利用不同的途徑和方式，收集各類寫作的材料。

(三) 藝文 1-2-1 探索各種媒體、技法與形式，了解不同創作要素的效果與差異，以方便進行藝術創作活動。

七、教學流程：如下表所示。

表 7-4-3　小書製作課程教學設計

教學活動一				
教學領域	彈性課程	教學時間	三節課	
主題	海洋故事寫作計畫	子題		
教學目標	1.選定一個海洋故事為主題，動手擬定自己的寫作計畫。			
先備知識	◎學校彈性課程——海洋教育 　1、2年級：常見的珊瑚礁動物。 　3上：珊瑚的朋友：蓋馬氏盔魚、透紅小丑、龍蝦、蠑螺……等珊瑚礁生物。 　3下：認識珊瑚的白化現象。 　能辨識及說出數種珊瑚礁生物：海參、章魚、海龜、橫帶唇魚、腋斑狐鯛、螃蟹的外形特徵及生活習性。			
能力指標	海洋　3-2-4　表達對海洋的想像與感受。 　　　　3-2-5　激發想像力，以個人或小組的方式，編創與水有關的故事。 語文　E 1-7-7-3能從閱讀的材料中，培養分析歸納的能力。 　　　　C 1-4-9-3能依主題表達意見。			
教學活動內容		教學時間	教學資源情境布置	教學評量
一、準備活動：		40分		

1.先備知識：海洋教育課程、解說員培訓及先前讀過的海洋故事。 2.教師準備繪本《小魚兒說故事》。 3.引起動機：請小朋友觀察繪本《小魚兒說故事》的封面，封面上有繽紛的珊瑚礁景觀及許多珊瑚礁生物。 二、發展活動： 　1.海洋故事介紹： 　(1) 教師簡單介紹繪本《小魚兒說故事》內容：小魚兒擁有無限想像力，每天都能說出不同的故事。同學們都不相信他，只有小魷魚強尼相信。有一天上學途中，小魚兒沉浸在自己的世界裡，沒注意到漁船來了。他沒聽見漁夫的聲音，也沒看到魚網，牠將用什麼方法找到回家的路呢？ 　(2) 老師對故事的結果賣個關子，請小朋友自行利用課餘時間閱繪本，滿足自己的好奇心。 　(3) 問題討論： 　※ 故事的場景是哪裡?在海洋裡。 　※ 因為故事發生在海洋中，所以裡頭出現的「人物」可能會有什麼？鯊魚、章魚、貝殼、海葵、海龜、魟魚……等。 　(4) 教師歸納：這篇故事是發生在海洋裡頭的故事，人物都是海洋中的生物，以我們學過的「擬人」法寫成，小魚兒充滿想像力編織許多海洋中的故事，我們接下來就要跟小魚兒一樣，編織一個精采的海洋故事喔！ 　2.討論故事的題材： 　(1) 教師可事先準備幾個題材讓小朋友討論故事內容重點，再請小朋友思考、討	繪本《小魚兒說故事》 40分 白紙數張	 □語評量：能主題回答題。 □語評量：能說出

論還有哪些題材可以寫作。例如：			故事題材
※ ○○的一生：以一種海洋生物生活過程為故事題材。			及內容重點。
※ ○○遊龍宮：以浦島太郎遊龍宮的故事為背景，寫出遊海洋世界的所見所聞。			
※ 搶救珊瑚村：以生態保育的觀點，寫出珊瑚的白化現象及海洋生物所面臨到的危機。			
※ ○○找媽媽：以一種海洋生物尋找媽媽的過程為故事題材。			
3. 擬定海洋寫作計畫：			
(1) 在討論故事題材後，請小朋友選定一個寫作題材，簡單寫出大概的故事情形及決定故事中出現的角色。	40分		實作評量：能動手擬定寫作計畫。
(2) 選定的題材不一定是剛剛討論過的內容，小朋友如果能發揮自己的想像力，以自己思考的題材來擬定寫作計畫會更好。			
(3) 動手擬定寫作計畫：			
※ 訂定一個海洋故事主題（或書名）。			
※ 簡單寫出故事大綱或內容大意。			
※ 寫出故事中出現的人物（角色）。			
相關資源教具	《小魚兒說故事》繪本（作者：茱莉亞・唐那森繪者：艾賽爾・薛弗勒譯者：陳雅茜出版社：小天下）		
相關網站			

教學活動二			
教學領域	彈性課程	教學時間	四節課
主題	海洋故事寫作	子題	
教學目標	1.能以「海洋」為主題創作，編寫一篇海洋故事。		
先備知識	◎學校彈性課程——海洋教育 　1、2年級：常見的珊瑚礁動物。 　3上：珊瑚的朋友：蓋馬氏盔魚、透紅小丑、龍蝦、蠑螺……等		

	珊瑚礁生物。 3 下：認識珊瑚的白化現象。 　　能辨識及說出數種珊瑚礁生物：海參、章魚、海龜、橫帶唇魚、腋斑狐鯛、螃蟹的外形特徵及生活習性。			
能力指標	海洋 3-2-4　表達對海洋的想像與感受。 　　　3-2-5　激發想像力，以個人或小組的方式，編創與水有關的故事。 語文 E 1-7-7-3　能從閱讀的材料中，培養分析歸納的能力。 　　　C 1-4-9-3　能依主題表達意見。 　　　F-1-6　能概略知道寫作的步驟（從收集材料到審題、立意、選材及安排段落、組織成篇），逐步豐富作品的內容。 　　　F1-6-7-2 能練習利用不同的途徑和方式，收集各類寫作的材料。			

教學活動內容	教學時間	教學資源情境布置	教學評量
一、準備活動： (1) 教師預借電腦、單槍、音響等教學媒體，準備介紹海洋故事網站。 (2) 學生依自己訂定的故事主題，自行攜帶借閱的相關書籍。 二、發展活動： 　1. 閱讀海洋故事電子繪本：小朋友完成自己的寫作計畫後，要將內容大綱發展成完整的故事不容易，故事發生的場景、故事的情節發展、人物之間的互動與對話等等，都要細心編排，因此，在動手寫作之前，教師先介紹海生館兒童網站裡頭已完成的海洋故事動畫，讓小朋友有所參考，激發寫作興趣。 　　例如：小魚團結來保命、小丑魚和海葵吵架了、寄居蟹阿寶搬新家、章魚的改變。 　2. 海洋生物書籍資料閱讀：觀賞完海洋故事動畫後，請小朋友拿出自己事先借的書籍閱讀，選擇自己需要的寫作材料。	40分 40分	電腦、單槍、音響、網路資源	

※如果故事是描寫小丑魚的一生，小朋友應先行閱讀介紹小丑魚的生態書籍或資料，不能只憑印象寫作。 3. 動手寫海洋故事： (1) 以上次擬定好的寫作計畫為故事架構，開始發展故事情節，並請小朋友在故事中適時加入人物「對話」。 (2) 故事裡頭人物的個性或背景，可依照你對那些海洋生物特性的認知來編寫，例如：海參吃沙子，再排放出來，沙子變得很乾淨，可設定牠的角色是海洋中的「清道夫」。 (3) 故事雖以擬人法寫成，可以有許多擬人的情節，但要注意故事的場景是在「海洋中」，要去思考事件發生在這個場景中的合理性。例如：寫小魚們去戶外教學，牠們可以去參觀動物園，但裡頭不可能會出現陸生動物；描寫小丑魚失去雙親，牠的父母可能是被大魚吃掉，不可能是失業而燒炭自殺（海洋中火點得燃？）。 (4) 在寫作的過程中，每寫完一個段落可隨時與老師或同學討論作品，例如：句子通不通順、段落的長度、情節連不連續、對話夠不夠生動等，得到意見回饋後，可隨時作修改的動作。	80分	洋故事寫作單	能依照自己訂定的寫作計畫，動手完成海洋故事。 能參考書籍資料，刻畫故事中的海洋環境及生物特徵。 能與同學相互觀摩、討論作品，並給予意見回饋。
相關資源教具	電腦、單槍、音響、網路資源		
相關網站	國立海洋生物博物館：兒童網站 http://kids.nmmba.gov.tw/		

教學活動三			
教學領域	彈性課程	教學時間	五節課
主題	海洋小書製作	子題	
教學目標	1. 能依主題為小書製作適合的封面、封底。 2. 能依故事文字敘述，繪製相關插圖，完成小書創作。		
先備知識	◎學校彈性課程——海洋教育 1、2 年級：常見的珊瑚礁動物。 3 上：珊瑚的朋友：蓋馬氏盔魚、透紅小丑、龍蝦、蠑螺……等珊 　　　　瑚礁生物。 3 下：認識珊瑚的白化現象。 　　　　能辨識及說出數種珊瑚礁生物：海參、章魚、海龜、橫帶唇魚、 腋斑狐鯛、螃蟹的外形特徵及生活習性。		
能力指標	海洋　3-2-4　表達對海洋的想像與感受。 　　　　3-2-6　透過肢體、聲音、圖像及道具等進行以海洋為主題之 　　　　　　　　藝術表現。 語文　C1-4-9-3 能依主題表達意見。 藝文　1-2-1　探索各種媒體、技法與形式，了解不同創作要素的效 　　　　　　　果與差異，以方便進行藝術創作活動。		

教學活動內容	教學時間	教學資源情境布置	教學評量
一、準備活動： 　1. 教師事先製作手工書的書皮與內頁。 　2. 小朋友利用電腦課將自己的海洋故事打成電子檔，老師幫忙列印出來。 　3. 小朋友準備剪刀、彩繪用具、膠水、雲彩紙等美工材料及用具。 二、發展活動： 　1. 將小朋友寫的海洋故事作品依主題加以分類。 　　（1）懸疑推理 1 篇；（2）溫馨親情 1 篇； 　　（3）尋寶探險 3 篇；（4）採藥歷險 2 篇； 　　（5）尋找朋友 2 篇；（6）千里尋母 6 篇； 　　（7）游泳比賽 2 篇；（8）戶外教學 2 篇	40 分	空白手工書 海洋故事文字檔 美工材料： 剪刀、彩繪用具、膠水、雲彩紙等	

2. 海洋小書封面、書背製作： 　(1) 指導學生標題字呈現方式及排列，封面 　　　內容要有書名、插圖、作者等。如： 　　　　書名　　○○○○○　　▽ 　　　　插圖　　插圖　　插圖 　　　作者：____　作者：____　作者：____ 　(2) 將老師事先作好的空白手工書發給小 　　　朋友，請他們動手設計及繪製。	80 分		能設計、製作標題（書名）及繪製小書封面上的插圖。
3. 海洋小書內頁製作： 　(1) 編排頁次：內容約 10～12 頁、可寫後 　　　記及版權頁。 　(2) 版面的編排： 　　※ 請小朋友規畫每一頁文字與插圖排 　　　　放的位置，例如：文字在每一頁的上 　　　　方，插圖在下方、文字在下方，插圖在 　　　　上方、文字置中等。 　　※ 將海洋故事作品電子檔，列印後請小 　　　　朋友依頁次及事先規畫的文字位 　　　　置，貼於小書中。 　(3) 海洋小書內頁插畫繪製：以故事情節發 　　　展，繪製適當的插圖。	40 分		能將文字剪貼下來，依頁次及版面位置貼於內頁中。 能依故事情節，繪製各分頁的插圖。
4. 海洋小書作品展示及觀摩： 　(1) 將小朋友完成的作品展示出來，大家彼 　　　此觀摩、欣賞，並配合全校小書評選日 　　　期，到圖書室觀摩全校海洋小書作品。 　(2) 請小朋友彼此給予讚美、回饋。	40 分		能欣賞別人的作品，並給予回饋。
相關資源教具	空白手工書 海洋故事文字檔		
相關網站			

　　小小解說員的活動是以小組為單位進行，但是小書製作是以個人為單位進行製作，因此個人在語文涵養上的程度將會左右小書內頁的內容吸引度。有鑑於學習者對於自己的鄉土環境的認同越來越深，在進行這個系列的教學活動時，教學者甚至不再主動提供任何資料搜尋行為上，或是個人小書製作的邏輯觀念上的立即指導糾正，大部分仰賴學習者自己本身的積極度和同儕的互相協助來完成，而教學者充其量在學習者提交作品文字稿的時候給予字詞上的修正，句子的流暢也在不影響學習者原創意精神之下給予適度的修正。以下提供學習者的成品供參考：

海洋故事小書文字稿 1

書名：小劍的深海探險記

作者：陳齊恩

　　有一隻劍魚名字叫作小劍，他的媽媽在他很小的時候過世了，所以小劍是被爸爸養大的，他們住在深海裡。

　　小劍是一隻很勇敢的魚，天不怕地不怕的，鼻子上還有著銳利的劍。今天是開學日，也是小劍第一天上學的日子，他認識了很多新朋友：有海馬、水母、獅子魚、章魚……等。

　　過了幾天，戶外教學的日子快到了，他們的目的地是恐怖的「深海」，因為深海實在太危險了，所以要十分注意，也要作好萬全的準備才行。劍魚爸爸不放心，決定跟著小劍一起去。

　　大家游啊游，突然有一隻長長的魚往他們的方向游了過來，原來是「闊嘴鰻」。兇惡的闊嘴鰻搶走了魟魚老師身上的地圖，魟魚

老師趕緊用長長的尾巴刺殺了他，可惜地圖早就被吃掉了。魟魚老師說，沒有地圖，在這個黑暗的深海裡，更加的危險。

小劍問：「為什麼？」

老師回答說：「就像剛才那樣，在這裡，任何時刻都有可能被深海魚吃掉，大家要十分小心。」

說完，他們又開始行動。

他們游了一個多小時，回家的時間也快到了。正當他們準備往回程走時，前方突然出現一顆亮亮的球，他們不禁好奇地被吸引過去，游近一看，原來亮亮的球正是鮟鱇魚頭上的燈籠，嚇了他們一跳。

鮟鱇魚不懷好意的說：「你們終於來啦！」

章魚問他：「剛才的闊嘴鰻是你派來的嗎？」

鮟鱇魚說：「沒錯，沒想到那個臭小子，這麼早死，不過這樣一來，食物通通都是我一個人了！」

獅子魚恍然大悟說：「難怪有人說只要來過這裡的人，就再也回不去了，這全是你做的好事嗎？」

「沒錯！」鮟鱇魚回答。鮟鱇魚趁大家議論紛紛的時候，拿著籠子想抓小魚們，不過在場的家長們都發現了，趕緊上前保護小魚們，章魚爸爸噴出了墨汁，但這在黑暗中根本沒用，反而惹得鮟鱇魚更加生氣。小劍他們都躲在石縫中發抖。

鮟鱇魚將獅子魚、章魚、水母、海馬的爸爸抓走了，只有小劍的爸爸還在，鮟鱇魚說：「想救他們，就來黑暗城。」說完鮟鱇魚就洋洋得意地提著籠子走了。

雖然很危險，但大家還是決定去黑暗城救被抓的人。大家游著游著，突然小水母叫了一聲：「唉呀！」大家回頭一看，發現小水母居然不見了。

　　他們找呀找，才發現有一個黑洞，小劍說：「我爸爸有又長又細的劍，可以把他救出來。」劍魚爸爸將身上的劍伸到了黑洞中，勾出了小水母。

　　接著他們又游了一段路，終終到了鮟鱇魚的基地「黑暗城」。城門口有許多的武士四處巡邏，戒備森嚴。

　　小劍他們趁著武士們不注意，潛入了大牢，看到被抓走的家長們，劍魚爸爸想將他們救出來，可是牢門都上鎖了，勇敢的小劍決定去偷鑰匙。正當小劍拿到鑰匙，卻被看守的武士發現，小劍連忙游到大家的身邊。

　　武士跟劍魚爸爸打了一場激烈的戰鬥，劍魚爸爸用他身上銳利的長劍刺傷了武士，小劍也順利拿鑰匙打開了牢門。大家拚命地往外游，游到門口時被鮟鱇魚發現了，他們更加使勁地逃。

　　深海實在太黑了，小章魚不小心居然卡在石縫中，正當鮟鱇魚就快接近他時，章魚媽媽趕緊伸出觸手絤住小章魚，並施展「噴射游泳」的絕技，逃過了鮟鱇魚的魔掌。

　　這次的戶外教學就像是一場深海的探險記一樣，雖然過程充滿驚險，但大家都安全回家了，也留下了難忘的回憶。

海洋故事小書文字稿 2

書名：海洋游泳大賽

作者：陳慧琳

　　今天是游泳大賽的日子，村長特別請了好幾個參賽者來參加，有黃衣錦魚、棘頰雀鯛、克氏海葵魚……等，村長說：「在比賽之前，請各位選手來自我介紹吧！」

　　黃衣錦魚說：「呵呵！大家好！我是黃衣錦魚，我喜歡吃有殼的小動物喔！蝦子和小貝類最美味了！謝謝大家。」

　　接下來是棘頰雀鯛：「大家好！我住在沿岸的海域，海葵是我的好朋友。」克氏海葵魚搶著說：「大ㄟ好！大家都叫我小丑魚啦！」

　　自我介紹完後，村長說：「今天比賽的路線第一站是珊瑚村，再來是沉船區，最後終點是白沙漁港。」

　　比賽開始！大家用力的往前游，棘頰雀鯛——小雀問小丑魚說：「小丑啊！你覺得你會得冠軍嗎？」小丑魚充滿自信的說：「只要用心，就有可能啊！」

　　小雀和小丑魚到了第一站「珊瑚村」，小丑魚跟小雀說：「你看！這裡有許多五彩繽紛的珊瑚，例如：管孔珊瑚、柳珊瑚、還有圓管珊瑚等等呢！」小雀也被眼前的美景吸引了，就對小丑魚說：「我們去逛逛吧！」

　　牠們逛了快一個小時，小雀才突然想起：「糟了，我們正在比賽耶！」小丑魚和小雀趕緊加快速度游開，有一些魚還留在那裡捨不得離開呢！

　　後來牠們游著游著，眼前出現了一隻尾巴長長的東西，「那是什麼東西？」小雀問。嚇得「皮皮挫」的小丑魚說：「那……該不會是海洋中的怪叔叔吧？」尾巴長長的東西開口說：「可愛的小魚好，我是海蛇叔叔啦！」牠們兩個一聽，馬上就游走了。誰知海蛇卻在牠們背後灑上了毒粉，小雀和小丑魚很快就昏倒了。

　　海蛇將牠們倆帶到一個又黑又恐怖的地方，牠們醒來的時候發現自己被綁著，就害怕的大叫：「救命啊！救命啊！」

　　剛好經過這裡的旗魚王子聽到喊叫的聲音，就游進去看，發現被綁的小雀和小丑。旗魚王子對海蛇說：「你怎麼可以綁架牠們？」

　　海蛇回答說：「誰叫牠們踩進我的地盤啊！」王子生氣的說：「這片海是大家的！」說完王子就將海蛇殺死。

　　小雀和小丑順利被救出之後，牠們繼續游到了第二站「沉船區」。「哇！這裡到處都是一些破爛的東西和一大堆金銀財寶耶！」牠們看了眼睛都發亮了，「我們去逛逛吧！」小丑魚說。

　　「不行啦！我們還在比賽呢！」小雀提醒小丑。牠們離開的時候，還是有一大堆的魚兒們忙著搶沉船裡的寶物，把游泳比賽給拋在腦後了。

　　牠們游到一半的時候，遇到帥氣的藍魔鬼「帥帥」，小雀和小丑就被吸引了，但他們卻不知道藍魔鬼是有毒的魚。

　　法力高強的獅子魚看到牠們被藍魔鬼迷倒了，就勸告牠們，誰知小雀和小丑根本不聽，獅子魚大師就使出絕招：「啊咪叭咪轟！真面目現形吧！」藍魔鬼露出了牠醜惡的本性，小雀和小丑魚才清醒過來，最後獅子魚大師將迷惑他人的藍魔鬼給消滅了。

　　獅子魚大師送牠們兩張平安符，還護送牠們到了第三站「人類的破壞」。現場還有一位解說員四線笛鯛——笛笛小姐，正在為大

家解說人類怎樣對待海洋。例如盜採珊瑚、毒魚、炸魚、亂丟垃圾、亂倒廢水……等。

小雀聽完恍然大悟的說:「前陣子我媽媽到市場買海草,回來後就一直發燒,她說她吃到油油的東西呢!」

後來牠們來到了第四站,也就是最後一站「白沙漁港」。很多參賽的魚都在前面的站逗留,小雀和小丑就剩下五～七公尺的距離,牠們很用心的往前游,在牠們旁邊還有去年得到冠軍的黃衣錦魚「衣衣」先生,衣衣先生得意的說:「哈哈,今年的冠軍也是我啦!」

小雀和小丑聽了很不服氣,就奮力地往前游,「快到了,就差一點點……」小丑魚用力的擺動身上的鰭。

「嗶!」比賽結束的哨聲響起,村長大聲宣布:「今年的海洋之星游泳冠軍是……小丑魚!恭喜!恭喜!」而小雀也得到了第二名,開心的接受大家的歡呼。

海洋故事小書文字稿 3

書名：珊瑚銀行失竊記

作者：王筠婷

在美麗的太平洋中，有一間珊瑚銀行，銀行裡珍藏著許多五顏六色的珍貴珊瑚，銀行的人員親切有禮，深受大家的喜愛。但是，在一個月黑風高的夜晚，銀行卻發生了一件令人震驚的大事。

「鏘！」一聲，玻璃破了，接著銀行傳來一陣尖叫聲和警鈴聲，驚動了所有人，大家跑過來看，才知銀行的寶物居然被偷走了！

不久，旗魚警官帶著他的伙伴來了，旗魚警官的臉上有支長長尖刺，他是太平洋裡最有正義感的警察了。

「有沒有人看到小偷長什麼樣？」旗魚警官問。

身上有著火焰般尾紋的九刺鮨行員說：「當時我正在數錢，數到一半，突然電燈熄了，然後好像有一個黑影動來動去的，等到燈亮了，黑影就不見了。」

警官又問：「那，犯人偷走了什麼東西呢？」

身體是橢圓形，身上還有像「人」字圖樣的揚旛蝴蝶魚說：「玻璃破了後，我就趕到金庫，沒想到銀行裡最珍貴的『微孔珊瑚』不見了。」

克氏海葵魚又接著說：「這株微孔珊瑚已經是一千兩百歲的老古董，是我們的鎮行之寶呢！」

旗魚警官問了一些問題後，便帶著同伴一起到銀行裡展開地毯式搜索，找了好久，突然有魚大喊：「長官！長官！我在銀行的門上和金庫的大門都發現了奇怪的痕跡，而且門都被破壞過。」

　　旗魚警官急忙游過去看，「哇！仔細一看，金庫的門真的有一個奇怪的痕跡，這到底是誰做的？」

　　旗魚警官正苦惱時，又有一隻魚游過來報告：「長官，我也在金庫裡發現了一種黏液，好噁心。」旗魚警官聽完，叉著腰，頭上又多了好幾個問號。

　　當大家正煩惱時，身體是藍色而尾鰭黃黃的擬刺尾鯛說：「對了，我們可以找名偵探『蓋馬氏盔魚』來破案啊！他是全太平洋最聰明的魚了。」

　　可是海龜爺爺說：「他平常在世界各地流浪，要怎樣才能找到他？」

　　大家又是一陣沈默，旗魚警官說：「別擔心，蓋馬氏盔魚是我從小到大的好朋友，我只要一通電話，馬上就可以找到他。」大家聽完臉上都露出了笑容。

　　旗魚警官立刻打電話給蓋馬氏盔魚：「喂？小蓋，你在那裡啊？」

　　「小旗啊！好久不見，我在美麗的大西洋渡假呢！你找我有什麼事嗎？」旗魚警官趕緊將銀行失竊的事告訴蓋馬氏盔魚。

　　蓋馬氏盔魚大吃一驚說：「好！我馬上回去。」然後就用最快的速度「飆」回太平洋。

　　在等蓋馬氏盔魚的期間，大家也沒閒著，警察們向銀行調來了案發現場的錄影帶，大家擠在螢幕前仔細觀看了好久，結果一點動靜也沒有。直到凌晨三點，螢幕中的燈突然熄了，接著出現了一道奇怪的黑影，但一下子又消失不見，不久燈又亮了。他們一再重播這個畫面，苦苦觀察、思索，想找到一些蛛絲馬跡。

　　在外面蒐證的警察帶著兩隻看起來青面獠牙的鯊魚和章魚，還有一隻滿臉笑容比目魚進來，警察告訴旗魚警官說：「報告長官，

這些魚在案發後一直在銀行門口徘徊。」旗魚就請他們三位坐在椅子上作筆錄。

清晨六點，蓋馬氏盔魚總算趕來了，大家一片歡呼，旗魚警官說：「老朋友，你總算來了，快！快來看看這到底是怎麼一回事？」

蓋馬氏盔魚觀察過案發現場後說：「以留下的痕跡來看，犯人應該是利用牙齒當兇器，鯊魚先生的利齒涉嫌重大喔！」

鯊魚急忙撇清說：「不是我！不是我！」

蓋馬氏盔魚又說：「別急別急，我知道不是你。你先聽我把話說完嘛！只要有咬過東西，一定會留下唾液，但是門上卻很乾淨，應該不是你咬的。而金庫裡留下的黏液，也有可能是章魚身上的。」

章魚還沒來得及喊冤，蓋馬氏盔魚就接著說：「但是我剛剛在門口就問過章魚，他說案發時他正在朋友家開派對，他所以在門口徘徊，是為了找不見的錢包。我懷疑現場留下來的咬痕和黏液，是兇手在故弄玄虛，企圖嫁禍他人。」

嫌疑犯就剩下態度友善的比目魚了，「長官，您該不會懷疑我吧？我可是一直都很配合辦案呢！」比目魚巴結的笑著說。

蓋馬氏盔魚回答說：「依我看，兇手最有可能就是你了！你的身體扁扁的，最不容易被發現，而且我剛剛在你的尾鰭上發現了一點小碎石，我已經請警察送去化驗了。」

不久，警方化驗的結果出來了，蓋馬氏盔魚看著比目魚說：「在你身上採集到的小碎石，成份跟失竊的微孔珊瑚一模一樣，兇手就是你，比目魚。」

在名偵探蓋馬氏盔魚的大膽假設，小心求證之下，銀行的失竊案順利的偵破了，兇手比目魚被帶回警局，接受法律制裁，而珍貴的微孔珊瑚也安穩地被放回金庫了。

書名：最好的禮物

作者：王昱惇

封面	封底
第1、2頁	第3、4頁
第5、6頁	第7、8頁

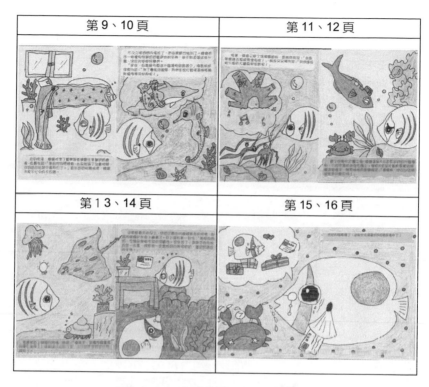

圖 7-4-2　小書作品一（作者攝）

書名：珊瑚銀行失竊記

作者：王筠婷

圖 7-4-3　小書作品二（作者攝）

第八章

小琉球風土人文在語文教學上的應用模式之推廣

第一節 其他離島風土人文開發運用的取徑

民國 90（2001）年 3 月 19 日交通部部長葉菊蘭在立法院交通委員會進行「離島觀光事業發展前景」的專案報告中指出：

> 臺灣附近離島（包括澎湖、金門、馬祖、蘭嶼、綠島、小琉球、龜山島、基隆嶼等八個島），受地理位置、環境條件、對外交通公共建設不足等限制，難以發展工業，目前經濟窘境只能以發展觀光作為突破。
>
> （交通部「離島觀光事業發展前景」專案報告，2001）

由交通部向立法院交通委員會的報告中明確指出，臺灣地區的離島由於受到先天環境的影響，無法像臺灣本島可以全面發展各類經濟活動，用來提升住民的經濟收入和生活品質，在參考了交通部內的研判資料之後做出了如上的宣示。然而臺灣的離島縣市鄉鎮的觀光發展早就如火如荼的進行了，金門縣早在民國 81 年（1992）

終止戰地任務，並在隔年（1993）開放觀光，到了民國 84 年（1995）
更設立了金門國家公園管理處由國家的力量來發展觀光。

　　馬祖也和金門一樣在民國 81 年（1992）終止戰地任務，但是
不同的是馬祖並沒有被規畫成為國家公園，最主要的原因是交通不
方便。馬祖並不像金門有大機場可以直飛，所以在觀光的發展上就
落後給金門一大步；但也因為如此，馬祖的「封火山牆」、「芹壁石
屋」等傳統建築得以獲得更完整的保護，在今天用如斯完美的外貌
呈現給每個遊客。

　　澎湖的觀光發展可以追溯到 1989 年，當時的李登輝總統親臨
澎湖視察，有感澎湖如此得天獨厚的天然環境資源，便指示應該要
積極的開發並且有效的利用當地資源，來協助澎湖地區的經濟發
展，因此隔年（1990）年一月交通部觀光局邀請了學者專家以及相
關的機關代表到澎湖進行實地勘查，並且依照風景特定區評鑑標
準，確定了澎湖具備成為國家級風景特定區的潛力，並開始進行澎
湖觀光的整體發展規畫，為澎湖觀光產業打下發展的基石。

　　臺東的蘭嶼在二次大戰結束之後，被中華民國政府管轄，自
1946 年劃為山地鄉，政府單位開始進駐，而在 1967 年撤除山地管
制，1971 年開放蘭嶼為觀光旅遊區。隨著週休二日的實施；旅遊
的風潮從大都市走向大自然，蘭嶼的觀光便開始興盛起來，其間和
其他離島地區相同的，雖然經濟狀況獲得了改善，但是相對的自然
環境和人文環境都相繼的受到了破壞。（許寬容，2007）

　　綠島的發展過程和蘭嶼時程上相差無幾，所面臨到的困境也相
同，因此在發展旅遊觀光上雖然經濟受益，但是各離島所面臨的困
境也都大同小異。因此，如何保護僅有的自然資源，將觀光的需求
從自然資源轉向人文資源觀賞，便成為了離島地區的主要訴求。

　　如同前面章節所提到的，澎、金、馬地區因為有了屬於自己的文學獎，多了一份文學氣息，而在這些文人墨客的文筆之下，這些地區的一磚一瓦、一草一木更增添了一絲的依戀。觀光事業是一種無煙囪工業，對離島地區居民的收入與經濟繁榮具有極大的影響力，想要發展觀光就必須滿足觀光服務人群的需要為出發點。就這個觀點來說，勢必引進行銷的概念進行重點式的行銷，例如大家聽到澎湖的第一印象就是白沙灣以及海上活動，可是隨著觀光的人數增多，許多的自然資然已經慢慢的受到了破壞，於是這幾年轉變觀光的行銷方式，開始加入了人文的景觀資源，例如百年老榕樹、臺灣第一座天后宮、以及矗立在澎湖的許多古老建築。相較於澎湖，金門的戰地建築、馬祖的封火山牆、芹壁石屋、蘭嶼的達悟建築民俗以及綠島的火燒島相關資源，小琉球在這方面就顯得比較弱勢。因為其他離島所擁有的風土人文資源都是既存的立體建築資源，但是小琉球除了自然景觀的珊瑚礁地形，並沒有其他的現存的風土人文景觀可供觀賞，而且珊瑚礁地形上的潮間帶也因為來訪的遊客數量增多而遭到破壞，所以第一時間小琉球在觀光的宣傳上就比較吃虧。

　　近年來國內外大量討論「生態旅遊」的定義、理念以及永續性等，並積極研擬出一套生態旅遊的規畫管理原則，美國生態旅遊協會（The Ecotourism Society）也說明生態旅遊是一種負責任的旅行，了解及關心當地的人文自然環境，並在不破壞當地的資源下從事遊憩活動，產生的經濟效益將會為地方居民帶來純利益，而不會帶來其他生態環境上的破壞。（Ross & Wall，1999）

　　文化已經是一個經濟要素，它不但可以提供就業機會，更可以創造利潤成為經濟活動的一部分。如果透過觀光導入而賦予文化資

產新的生命力，會是未來臺灣文化觀光產業的重要發展模式。因此，風土人文景觀的旅遊已經蓬勃發展為重要的旅遊型態，相關的體驗經濟正逐漸成為第四種經濟產物，它從服務中被分出來，就像以前的服務從商品中被分出來一樣，可以為經濟增添足夠的價值，創造充分的就業機會。（夏業良、魯煒譯，2003）

地方文化產業的消費趨勢是走向「體驗式」的感性消費，以文化、消費與情緒體驗等非實體性的經濟價值為主。（郭品妤，2004）對小琉球來說，它不同於其他離島地方已經有了其他官方或是非官方的文化產物建築存在，而且其他離島地區的建築物並非是為了推廣行銷觀光產業而新建的建物，因此在參觀的價值與意義上又更有內涵，所以小琉球只好就本身資源尋找一個屬於自己的文化產業，可以行銷又不需要公部門額外花費其他建設經費的景點就自然成為優先首選。因此，美人洞、烏鬼洞這些具有時代背景意義的就自然成為了第一波被推廣參觀的景點，搭配鄉公所放置的解說看板，提供了遊客除了參觀自然珊瑚礁地形的依據之外，還增添了一些傳奇的故事性。而這樣的文化價值並不需要太多的經費，往往卻可以達到意想不到的觀光價值。

除了自然可見的實物景點，一些看不到的人文習俗的景點也是個很好的觀光發展項目。就像是阿美族的豐年祭、布農族的打耳祭，這些文化產業有它的時間性和文化內涵，只要可以善加利用也可以增加觀光遊覽的可看性。像花蓮的阿美族豐年祭期間每年就替花蓮縣政府帶來可觀的收益。對於在地居民來說，這樣的豐年祭觀光活動不但可以讓阿美族的文化發揚光大，讓大家對阿美族有更深一層的認識，也可以讓阿美族人對自己的文化有更深的認同；對於觀光客來說，參與這樣的觀光活動不但可以達到休憩的效果，同時

可增長了自己的知識見聞，可以說是一舉兩得。然而要引導外來遊客進一步認識小琉球，其中的導覽解說人員的培訓就顯得格外重要，因為好的導覽解說員可以更清楚的將琉球的風土人文介紹的更好，而這樣的解說員培訓就可以視為小小解說員語文活動的延伸，如果這樣的培訓活動由鄉公所主辦，提撥經費辦理相關的研習營，將會更能深植小朋友的鄉土意識，而且因為有專業的訓練，將會更有效的提升小朋友的口語表達層次，這是一舉兩得的好活動。

因此，小琉球三年一科的王船祭也可以比照辦理，而且更有利的。是鄰近的東港、南州也有王船祭活動，這是一系列的活動。其先後順序是東港先、小琉球第二、最後才是南州，整個活動時間為期兩個月。只要公部門願意宣傳這樣的民俗活動，這將會臺灣南部地區最盛大的宗教文化饗宴，也會是最好的人文風俗的宣傳展示。

第二節　鄉土教材編撰的參考

解嚴之後，政治上的蓬勃發展與百家齊鳴影響了教育政策的擬定，「立足臺灣」成了新的政治正確，而「重新擬定文化政策、加強鄉土教學成為各界一致的呼聲。」（歐用生，1995）

教育部在 1993 年所擬定的中小學課程標準修訂的重要精神之一就是鄉土化教學。當時的教育部長郭為藩在 1993 年 9 月 20 日公布國小新課程標準時說：「在課程上是一小步，但在教育政策上是一大步。」

　　鄉土教學在九年一貫課程中被視為各學校發展本位課程的關鍵，根據教育部出版的《九年一貫課程暫行綱要》指出，鄉土教學活動課程包括鄉土語言（母語練習、諺語格言、現代散文）、鄉土歷史（家鄉族群、社會變遷、民間信仰、古蹟）、鄉土地理（家鄉地質與地形、氣候、水文、產業）、鄉土自然（家鄉植物、景觀、生態平衡、自然景觀）、鄉土藝術（家鄉傳統戲曲、傳統音樂、傳統舞蹈、傳統美術）等，鄉土教學的目的在於培養學生深入了解家鄉人文地理與歷史環境，從而加強愛鄉護土的情懷，以及相應的基本能力。（教育部，2001）

　　至於鄉土教育，可以被定義為四個層次：

一、鄉土教育是一種人格教育

　　人格教育的起點應該是兒童本身，應該尊重兒童的人格與尊嚴，尊重兒童作為「人」的基本特質，以培養自我實現的個人。兒童的學習經驗與認知都需要被認真看待，透過了解鄉土，發展自我的概念，並進一步建立積極的鄉土認同。

　　學者們對此看法有些微的差異：歐用生指出：

> 鄉土教育應該是一種人格教育，兒童的人格和尊嚴應受到尊重，其經驗、學習模式、認知基模受到重視，他的族群及其文化被平等地對待。他了解自己、認識鄉土，因此發展了健全的自我概念。

（歐用生，1995）

　　鄉土教育是最紮實而完整的人格教育。因為其中包括鄉土的物質與精神事項，從小培養可使學生在人個發展上受到潛移默化。（黃鼎松，1994）

二、鄉土教育是一種生活教育

　　與兒童日常接觸的事物相關，更容易引起學習的動機與興趣，藉由生活經驗的累積進行學習，讓兒童的學習與生活密切相關，達到「教育即生活」的目標。

　　鄉土教育可以增進兒童生活經驗、充實生活知能，讓兒童從實際的觀察、訪問、調查等活動中學習，融合實際生活與教育，達到「教育即生活」、「由作中學」的目標。（歐用生，1995）

三、鄉土教育是一種民族精神教育

　　民族精神是以固有的倫理、道德與文化為基礎，激勵民族情感、培養愛國情操的教育，但這樣的民族精神教育往往陳義過高，流於形式。鄉土教育作為一種民族精神教育，在於讓兒童透過了解鄉土的特性及問題，進行批判思考、價值的釐清，培養服務鄉土、貢獻社會的熱誠與技能。

　　鄉土教育是學生學習鄉土文化的一種教育。首先認識及了解鄉土，進而培養學生愛護鄉土的情操，願意協助發展鄉土，以及鄉土的相關技能。（黃政傑，1994）因此，有學者進一步連結主觀的認同的情感教育，認為鄉土教育需給予學詩認識生活鄉土環境的教育。包括認知、技能與情意。不僅要使學生了解居住的鄉土環境，

更在於建立情感的認同與維繫，進而使居民能貢獻心力於鄉土發展。（黃玉冠，1994）

四、鄉土教育是一種世界觀教育

在全球化的潮流下，國際間相互依賴甚深，鄉土教育不能侷限於一國一地的思考。鄉土教育透過在地的紮根訓練，培養綜觀世界的視野。鄉土教育不僅要培養兒童成為中國人，更要成為世界公民。因此，鄉土教育的內容包括人類價值的價異性和共同性，全球政治、經濟、生態、科技系統以及全球的問題和爭論。（歐用生，1995）

從日常生活出發，鄉土教育強調從微觀到巨觀的認同，認同鄉土、認同民族，並建立起對世界的看法。鄉土教育不僅包含認知、情意與技能，更要在日常生活的教學中讓學生培養愛鄉護土的情操，建立學生對鄉土的情感認同，卻不流於本位主義，做到紮根在地，放眼世界的宏觀世界公民。

至於編撰教材的參考依據，除了老師對於資料的搜集，更仰賴公部門對於小琉球的生態景觀所作的調查。因為唯有公部門才具有如此龐大的人力、財力、物力去進行較具全面性的調查，而這些調查的成果也遠比任何的採訪來的貼近小琉球的鄉土文化精神。這樣的調查成果所呈現出來的資料，將會更貼近所有小琉球的學習者，因為這些景觀的介紹說明都是來自於在地的耆老，而那位耆老很有可能就是某位學習者的爺爺或是祖父。在多了這樣一層的親密關係之後，就算是公部門所呈現的枯燥資料，對於學習者來說卻多了一份親近，也更願意花心思去閱讀、去了解這些屬於小琉球的人事時地物。

　　鄉土教材涉及範圍廣，需要靠平時不斷地搜集，才能配合教學需要，而蒐集的途徑不外乎：（賴義夫，1989：11）

　　一、實地觀察：親自觀察本地的自然景觀及人文景觀，如地理環境、自然現象、氣候、名勝古蹟、先民遺物、風土人情等，以充實鄉土教材的內容。

　　二、蒐集閱讀圖書、文獻、報章、雜誌：蒐集鄉土教材最簡易的途徑是地方編撰的省志、縣史或鄉土志中搜尋具有價值的材料，至於在日常報紙、期刊、雜誌中常有各地方的報導，有些報導內容可用來作為鄉土教材之用。

　　三、徵求有關資料：舉凡不易取得，或是無法直接獲得的資料，都可以利用郵購、交換、索贈等方式獲得。

　　四、調查訪問：可直接訪問本地機關、工廠、各行業及社會賢達等獲得真實資料，如果不方便親自訪問，也可以利用通訊問卷的方式進行，以便獲得我們想要的資料。

　　由以上論述可以得知，鄉土資料隨處可得，但必須經過適當處理，加以選擇或設計，使鄉土教材具有教育性。但從各縣市政府已經出版的鄉土教材來看，其內容組織大致上是以按事物項目分，不是學者所提出的理想內容架構按生活經驗分類。而為了配合發展九年一貫課程中的學校本位課程，針對各縣市公部門所出版的鄉土教材，各級學校老師是必要再進行第二次的資料選取編輯，如此才能符合生活經驗取向的鄉土教材。

　　琉球鄉公所在 2006 年委託林澤田等人調查撰寫《海上明珠——琉球鄉誌》，2008 年委託王添正等人進行調查，並出版了《珊瑚仙嶼・琉球鄉》，並在同年委託高雄師範大學針對小琉球的宗教信仰以及拓墾歷史進行了相關研究，並且製作成藏書《琉球鄉討海子

民信仰暨王船祭研究》、《琉球嶼尋根之路——移墾探究》兩本，雖
然這兩本書並未出版，但是只要是小琉球境內的老師想要編寫鄉土
教材，鄉公所都會很樂意提供借閱，供老師們作為編寫教材的依
據。同時也有關心小琉球的黃慶祥寫了許多關於小琉球的作品出版
成冊，作成了一本《古典小琉球》的書籍，裡面記載了許多黃慶祥
眼中所見到的小琉球景觀，以及他以一個遊子對小琉球的回憶與感
知，用優美的詩句、散文呈現出來，這本作品集也會是老師們在進
行鄉土教學的語文活動時最佳的閱讀教材。而進行語文教學之後，
學習者所寫下的關於風土人文的優良創作將可以成為寫作範本。

第三節　深厚臺灣離島觀光資源的借鏡

　　所謂的觀光，就傳統的方式來說，就是旅遊業者之間彼此透過
跨區域或是跨國的合作來規畫行程，而這樣的模式對地方來說鮮少
有參與的機會，因此對地方的發展貢獻是相當有限的旅遊方式。在
1990 年以前，大眾的觀光成長主要源自於人口的轉型、社會的進
步、國際的和平以及較廣闊的觀光意識與所得的提高；同時，意象
的創造者有效的創造了對遊客有吸引力的景點，加速了大眾觀光的
趨勢。（陳秀萍，2000）依據世界觀光組織（WTO）統計，自 1960
年代以後，國際旅客以每年平均 6%的速度快速成長，而觀光的收
益以每年 12%的速度飆高，觀光產業的發展，從 20 世紀的 50 年
代以來，在不到半個世紀的時間裡，一躍而成為發展最快速的產
業。（左顯能，2000）

　　寒帶的北歐人，為了享受豔陽、熱浪與白沙灘，他們選擇到氣候溫暖的南歐、亞太地區觀光；先進國家的人為了體驗豐富多彩的土著文化、地區特色，到開發中國家旅遊，這些活動都締造了相當規模的經濟成果。但是儘管觀光活動為地方帶來了豐富的收入、就業機會的增加，但是大量的遊客湧入、無限制的開放觀光景點，再加上遊客大啖美食、走馬看花式的遊憩行為，以及旅遊業者為了賺取最大的利益為考量的經營方式，在在都使觀光客無法對於當地環境產生深層的遊憩體驗，與觀光地區間的關係也僅止於非常淺薄的接觸或是文化交流，所以在改善經濟狀況的同時，也對其自然環境和社會文化結構產生了負面的衝擊與壓力，更甚者導致觀光品質下降旅遊市場萎縮的案例，時有所聞。自從臺灣從 1998 年開始實施「週休二日」的觀光發展來看，國內的旅遊市場於短短的幾年內快速膨脹，在一片經濟不景氣中，旅遊業成為少數持續發展與獲利的產業。而自然資源也隨著加速消耗，因此這些年來觀光的內涵隨著經濟、文化的轉變，已逐漸由原先的團體需求逐漸轉變為滿足個別需求的觀光型態。

　　這種新的觀光型態被稱為「替代型觀光」，它還有「柔性觀光」、「綠色觀光」、「民族觀光」、「文化觀光」或是「生態觀光」等名稱。Dowling 將「替代觀光」主要概分成四類（Dowling，1997：100）：

　　一、自然觀光：包括自然觀光、生態觀光、冒險觀光。

　　二、文化體驗觀光：包括人類學、鄉村、宗教、種族。

　　三、事件型觀光：例如運動、嘉年華、文化節慶。

　　四、其他觀光：鄉村居留、教育觀光。

　　嚴長壽在《我所看見的未來》一書中曾經提到，金門在發展觀光上可以參考戰地夏令營的方式進行重現它的軍事特色，綠島的環

保夢幻示範可以教大家什麼叫做「開兩個星期，賺三個月」的示範（嚴長壽，2008），而澎湖除了現在政府正在研議的博弈產業之外，海上漁人的度假生活也是可以參考的觀光渡假方式，蘭嶼的一日達悟生活體驗，這些都是結合了在地的文化資源進行推廣發展，並且有別於傳統旅遊的吃吃喝喝、走馬看花，更多增添了幾分文化的氣息。

　　其中小琉球的三年一科的王船祭就很符合事件型觀光的條件，可以用來宣傳行銷，並且讓旅客們體會什麼叫作「遊府吃府，遊縣吃縣」，在小琉球沿著轎班繞境的環島公路兩邊擺上豐盛的點心和茶水飲料，供轎班的信徒隨時可以補充體力。這樣的熱鬧會在小琉球維持一個星期，如果屏東縣政府願意推廣宣傳，搭配上隔壁的東港鎮、南州鄉的迎王活動，可以塑造出長達兩個月的迎王祭，這將會是不下巴西嘉年華會的盛大宗教民俗饗宴，也會是另一個最好的鄉土文化風俗的呈現。如果可以進行一系列的徵文活動搭配，那麼屏東東港溪系統的宗教人文將會獲得一個公開又具有藝文氣息的展示。

　　此外，小琉球的山豬溝有著完整的森林生態，搭配沙灘地形和岩岸潮間帶建構出了特殊的山海並濟的旅遊景點，這樣的生態旅遊不但可以滿足水上活動的需求，也兼具了山林紓壓的芬多精行程，搭配了近年來小琉球如雨後春筍般林立的民宿、渡假村，更可以提供遊客們最完整的紓壓生態旅遊。如此一來，不但可以將對生態的破壞降到最低，依然可以兼顧經濟的發展和紓壓遊玩的旅遊行程。

　　因此，發展「替代觀光」是當下勢在必行的行動，但是不可否認的「替代觀光」在旅遊市場上的經濟體系上目前還無法取代較具破壞性的大眾觀光。然而，「替代觀光」具有補充大眾觀光所缺少

的特性；不但具有提供遊客一個愉快地體驗自然與文化的機會，為當地居民、生態資源所帶來的負面影響也較小，還可以適度的改善漁村的生活品質。（商累仁，2007）另外，「替代觀光」的發展遍布，不只是侷限在「自然、陽光、沙灘、海洋與生態」等資源作為特色的景點。小琉球不但有豐沛的自然與生態資源，更有屬小琉球自己獨特的海洋文化，在冬季大地喘息滋養的其間，讓潮間帶的生態得以自然的修復損傷，利用文化觀光便可解決旅遊季節性的問題；小琉球觀光產業在強調消費取向的市場，已經達到旺季飽和、淡季蕭條、衍生對地區生態生產與生活產生困擾的當下，「替代觀光」似乎是可以發展的方向，因為小琉球不僅僅只是夏天可以戲水、浮潛的美麗珊瑚礁島嶼；冬天的小琉球也可以是個最舒適的海上漁村海釣基地。

　　而這些遊覽觀光習慣的改變，如果沒有足夠的說明，很容易引起遊客們的誤會，所以製作說明詳盡的導覽手冊就變得格外重要，讓遊客在候船室或者是出發前就可以拿到手，事先閱讀整個旅遊觀光的方式改變，可以讓遊客更能接受替代性觀光的發展，而且因為可以事先取得這樣的說明導覽手冊，可以讓遊客更清楚這次的文化之旅所要觀察的重點，可以讓遊客們獲得更豐富的收穫。這樣的導覽手冊製作，就是小書製作的延伸，如果可以跟鄉公所配合的話，舉辦導手小書製作比賽，讓鄉內的小朋友自行製作，並選出優良作品大量印製並擺放在遊客可以取得的地方，就像臺東火車站的地下道總是擺放縣內小朋友的交通安全宣導作品一樣，不但可以引起小朋友們的興趣，也可以因此更加深小朋友們對我們所要宣導加強的觀念的認同。

第九章

結論

第一節　重點的回顧

　　第一章談的是整個研究的起源，並且比較張新仁的《寫作教學研究》和周慶華的《語文教學方法》後發現「環境法」是教學成效最好的一種方法，因此便開始設定布置相關情境教學，希望營造一個比較適合學習者進入的鄉土人文學習環境，並經過聽、說、讀、寫作的相關訓練之後，希望學習者可以在作文能力上獲得成長。

　　第二章的文獻探討將現有的各級離島地區和小琉球現有的文獻資料、官方資訊作一個系統整理比較，並且凸顯出小琉球值得被發展的特色；並且針對九年一貫的鄉土教材的編輯和教學方面配合語文科的教學活動作一個通盤討論。

　　第三章把小琉球周邊的珊瑚生態系、動植物生態、島上的自然景觀作個基本的簡介，並且把小琉球有關的文學作品收集整理，作為發展語文教學活動上的一個章節，希望可以透過比較完整的資料收集，讓學習者可以感受到文字的魅力，並且進一步的創作出如〈車過枋寮〉般動人的作品。

　　第四章概略的介紹了整個小琉球的民情風俗，將島上居民的交通狀況以及道路特色呈現出來，並且將島上居民虔誠的宗教信仰以

及各個廟宇堂口作個簡單的分類，然後將三年一科的王船祭對於小琉球居民的特殊意義以及宗教情感作個簡單的說明；然後將以上的資料收集起來作為鄉土課程結合語文教學活動的素材。希望可以引導學習者更大的鄉土認同，並在學習者升上更高的學習階段時可以作出更詳盡的導覽作品或是說話表演。

第五章除了探討小琉球的風土人文在語文教學上的應用性，將會界定「應用性」的定義，然後把澎湖、金門、連江三個縣級離島和小琉球、蘭嶼、綠島三個鄉級的離島作個比較，然後探討文化深根上的可行性以及會遇到什麼限制。在本章節最後將會試著說明鄉土情懷昇華的憑藉搭配上學習者自身的生活經驗，所觀察到小琉球過往的聚落差異。然後透過參考其他地區的公、私部門的行銷徵文活動，讓小琉球學習，增加小琉球的能見度。

第六章探討小琉球的風土人文該如何運用在語文教學的策略裡，並且分成閱讀教學、說話教學、寫作教學以及彈性課程來討論該如何實施，另外在實施的過程中應該要注意哪些重點指導項目。

第七章則是完整的呈現過去一年來我所設計的說話、閱讀、寫作和彈性課程教案，並且搭配學校的行事曆進行教學，避免為了研究而實施特定的教學，忽略了原本應該正常運作的學校教學，畢竟我是個國小老師，我所作的任何研究都是為了促進學習者在一般環境下的學習成長而努力。如果是為了看到那可以被期待學習成長而去刻意努力營造適合的學習環境，那就有點本末倒置了，有失進行研究的本意了。

第八章是把各離島地區的觀光起源以及可以發展的項目作個基本陳述，並說明如何編輯鄉土教材，然後實施鄉土教學去營造學

習者愛鄉護土的熱情；最後搭配建議政府公部門可以執行的活動企畫，研擬如何更有效的行銷小琉球。

　　這一年來受限於我任教的年級和學校的課程發展，所有的教學活動都處在配合執行的情況之下，依序完成了黃慶祥的《古典小琉球》優良作品導讀、美人洞戶外教學遊記（寫作）、海洋生態解說員（說話）以及最後的海洋故事小書製作（彈性課程）。

　　其中萬事起頭難，一開始設計教學活動的時候完全不知道該把什麼樣的課程定位在哪個向度（聽、說、讀、寫、彈性），只好從環境布置開始著手，把教室布置的情境營造成小琉球景點大觀，讓學習者每天上學的時候都可以清楚的看到小琉球的著名景點，塑造一個鄉土情境。

1. 圖片說明：大富翁【琉球逍遙遊】
2. 布置理念：將教室後方布置欄的外框設計成一個可以和孩子互動的遊戲，遊戲設計規則及形式參考大富翁遊戲，每個方格以小琉球著名景點及地區為名，並於三個角落設置常識考驗區，題目設計以小琉球相關資訊為主，布置欄的中間張貼遊戲規則及小琉球相關資料及著名景點的介紹借孩子閱讀。設計的理念是想讓布置欄的功用除了可以閱覽資訊之外，也可以和遊戲結合，並且於遊戲情境中了解關於自己家鄉的知識，加深鄉土意識。

圖片說明：教室布置欄全景

圖 8-1-1　室布置照片（作者攝，2008）

　　讓學習者從遊戲中開始學習認識小琉球，剛開始學習者對於自己陌生的景點會不斷的跑來詢問我：「老師，那個×××在哪裡？」、「老師，真的有×××嗎？」、「老師，你有去過×××嗎？」很顯然的，這樣的教室布置的情境營造已經成功的引起了學習者的注意和興趣。

　　爾後因為國語課的上課進度到達第四課「淡水小鎮」的時候，配合教學主題由四首短詩介紹出淡水小鎮的特色，因此我設計了黃慶祥的〈山海組曲〉這首短詩的閱讀課程，把小琉球最具特色的民俗活動藉由閱讀新詩的方式呈現，再搭配〈山海組曲〉這首詩去表現小琉的風光景色，然後設計發展活動「把詩演出來」。

　　因為是跟自己所生活的環境相關，所以在進行相關發展活動時候，學習者比起討論課文淡水地區的景觀，顯得興致高昂，討論熱烈足見學習者已經對自己的鄉土環境產生了認同感。

　　第五課「安平古堡參觀記」的授課時間剛好配合學校進行戶外教學，我們中年級教學群選擇的地點是美人洞，並且設計了學習單在進行戶外教學之後，回到學校由教學者引導學習者填寫，趁著學習者對學參觀地點的印象還深刻的時候進行討論，並且將各自的觀察記錄下。

　　進行第六課「回到鹿港」針對地方特色進行教學，而配合學校行事曆進行小琉球旅遊私房推薦說話教學，這樣的活動貼近學習者的生活經驗，因此在學習者之間引起了許多熱烈的討論，學習者彼此之間互相提供自己的生活經驗供其他學習者參考，因此在情意教育的營造上算是成功的。

　　到了下學期，配合學校的海洋教育課程，進行小小解說員和海洋小書製作的活動，在經過了上學期的情境渲染薰陶，學習者開始對自己家鄉有關的事物有了高度的興趣，因此在進行小小解說員活動時，全班的學習者都對這個活動產生了高度的興趣，雖然這個活動也可以指派單一選手參賽，為了不辜負學習者的熱情回饋，我將班上的學習者分成了兩組進行練習。對應四年級和三年級隔壁班級的選手組成可以發現，全校中年級僅有四年級一班，三年級兩班，而其中四年級的選手雖然派出兩組，但是並非全班參與，而是少數菁英份子組成，對應三年級另一個班也是相同，只有我的班級因為學習者反應熱烈，將全班分成兩組大家都上臺表演，這樣的熱情就連學校的行政人員也感受到了。我想鄉土教學的情意教育如果已經執行發展到這樣的程度，也算是成功了。

　　至於海洋小書製作，因為學習者對於鄉土環境產生了極大的認同感，因此在製作這本小書時更是用盡全力，不僅僅是翻閱書籍資料、上網查閱、就連學校的教學者和家中的長輩也成了學習者詢問

的對象。也因為學習者的高度興趣和認真，在製作上更顯得用心投入，和上學期的小書比較起來有了明顯的進步，這樣的事實證明了，鄉土教材的編寫只要可以符合學習者的生活經驗，搭配其他語文活動或是彈性課程，都可以引起學習者高度的學習興趣，並且因為長時間處在這樣的鄉土情境氛圍裡面，對於自己所生活的鄉土環境會更多了一層認同，並且在語文的表達上會從搜尋的資料介紹發展到使用自己的語言來介紹說明，並且在每次的作品批閱當中看到學習者用字遣詞的進步，形容的用詞語句也更加貼近自己的活經驗，這樣子的改變可以說是成功的語文教學。

第二節　未來研究的展望

　　本研究所遇到的最大瓶頸就是在實踐上受制於學校的課程計畫。由於九年一貫課程的關係，語文課的編排受到比例原則影響，導致語文課程一週只能排四節，在教學上往往在教完課本內的主題和精神之後就沒有其他時間去發展相關活動。所幸我所服務的學校因為處於離島偏遠地區，還有許多的課輔活動可以供老師利用，而這在本島的老師可能就不會有這樣多餘的時間可供運用了。

　　承上所述，不但在時間的分配上受到了任教地區的限制，在可以收集到的相關文獻資料上，也是相當缺乏的。進行本研究一年來所尋找的有關離島地區的研究論述，幾乎都是有關觀光發展的商業性行為，然後中間穿插著近年來盛行地方文化探討、文化認同的研究成果。其中談到澎湖、金門、馬祖，就是觀光商業、文化、旅遊、

環保，然後穿插著一兩篇文化認同的論文；提到蘭嶼、綠島則可以發現近五年來的研究幾乎都和文化認同有關，而早期的研究則是如何推動觀光，提升經濟發展的論述。談到到善用離島地區特殊民情風俗應用在語文教學活動或是引導的，則付之闕如。因此，在進行本研究之初，文獻的蒐集上吃了不少苦頭。希望未來會有更多人，針對地方風土人文將它融入語文教學活動，並且研究發展出最適合各個地方的鄉土教材，如此一來也才能符合九年一貫的學校本位發展特色。

除此之外，因為我所任教的是三年級，在這之前的寫作經驗只有提早寫作的規畫，並不能算是個完整的寫作經驗，因此在教學活動的安排上也很難近入寫作的教學，以致活動的編排上受制於學習者的舊經驗影響，僅僅只能安排說話、閱讀和聆聽的活動，並且同時訓練孩子的作文能力，以期望在三年級下學期可以進行比較深入且完整的鄉土人文作文教學。

另外，在活動的編排上受制於我任教的三年級國語課程的影響，在鄉土人文教學上的運用不多，因為在四年級的國語課程會有比較完整的單元可以進行一系列的鄉土人文的教學，加上今年 11 月是三年一科的迎王活動，我的學生也正好升上四年級，在鄉土教學中所強調的生活環境條件下，關於鄉土人文的活動選擇在四年級發展將會最好的環境。當然，我並不會因為本研究的完成就終止了其他的語文教學，畢竟身為一個琉球人，如何把自己家鄉的子弟好好的教育，讓他們可以更了解小琉球、更愛惜小琉球，甚至更進一步的透過網路和交友的管道去對外面的人來傳達小琉球的美，這才是我的教育目的。而語文教學是我在進行這個教育目的中非常重要的教學方法。

　　但是我必須要強調一點，整個語文教學活動的進行都是在「一般」、「正常」的情況之下進行，並不會為了進行某項目的能力提升而去刻意塑造某種情境，因為不是每個學校都會允許教學者為了某目的進行刻意的教學活動編排長達一學期或是一學年，因此所有的活動進行都必須是在符合學校行事曆或是課程編排的情況下進行，這樣的教學才會有意義。如果是刻意營造的情境教學，那勢必無法長久執行，成果也就沒有辦法持續，這樣的研究和編排出來的教學就不具實施的價值了，因為無法普遍化的教學活動是無法融入整個學校的語文教學的。這個就像是刻意編排的數學資優班的數學課程，是無法在一般的普通班進行授課教學道理是一樣的，因為那是被刻意營造出來的。

　　因此，在未來的研究和教學活動中，我將會配合學校教學活動大綱的前提之下，繼續探討鄉土人文的語文教學發展前景，並且將學習者的作文、小書等優良成品投稿到相關報章雜誌上，來進行另類的小琉球廣告行銷。更希望有其他的小琉球籍或是非小琉球籍的老師，為了提升學習者的語文素養以及愛鄉護土的觀念而一起努力，讓語文教學可以在小琉球的風土人文的發展上顯現出更豐盛的成果。

參考文獻

David M. Fetterman（2000），《民族誌》（賴文福譯），臺北：弘智。

Donaldson, M（1996），《兒童心智》（漢菊德、陳正乾譯），臺北市：遠流。

Kroeber, A. L. & Kluckhohn, C.（1952）,*Culture:A critical review of concepts and definitions. Cambridge*, MA: Harvard University Press.

Person P.D. Roehler , L. R. Dole, J. A. & Duffy G.G.(1992).〈What research has to say about reading instruction.〉 In S. J. Samuels & A. E. Farstrup（Eds.）, *Developing expertise in reading   comprehension*,pp.154-169.

Pine B. J. & Gilmore H. J.（2003），《體驗經濟時代》（夏業良、魯煒譯），臺北：經濟新潮社。

Ross S. and G.. Wall（1999），Ecotourism; towards congruence between theory and practice, *Tourism Management*, 20, pp.123-132。

Yahoo！奇摩地圖（2009），〈小琉球環島路線圖〉，網址：http://0rz.tw/iL5Qi，點閱日期：2009.07.12。

丁鼎（2000），《材料作文教學研究》，高雄師範大學國文教學碩士班碩士論文，未出版，高雄。

王花俤（2006），《連江縣鐵馬步道鄉土植物導覽手冊》，連江：連江縣政府。

王添正等（2008），《珊瑚仙嶼‧琉球鄉》，屏東：琉球鄉公所。

內政部營建署（1995），《金門國家公園計畫》，臺北：內政部營建署。

尹德瀚（2007），〈火星文橫行地球　頭字與打敗老學究〉，網址：http://ews.chinatimes.com/Chinatimes/newslist/newslist-content-forprint/0,4066,110504+112007010300073,00.html，點閱日期：2009.07.17。

朱全斌（1998），〈由年齡、族群等變項看臺灣民眾的國家及文化認同〉，《新聞學研究》，56，35～63。

江宜樺（1998），《自由主義、民族主義與國家認同》。臺北：揚智。

江彩禎（2002），《地方經濟發展推動機制之探討—以推動觀光發展為例》，成功大學都市計畫研究所碩士論文，未出版，臺南。

交通部觀光局（1990），《金門地區觀光資源調查與整體發展計畫》，臺北：交通部觀光局。

行政院文化建設委員會（2008），《閱讀文學地景》，臺北：聯合文學。

李宗信（2004），《小琉球的社會與經濟變遷》，臺南大學臺灣文化研究所碩士論文，未出版，臺南。

李宗鴻（2003），〈臺灣離島島嶼遊客遊憩體驗之研究〉，《旅遊管理研究》，3（2），51～66。

李秀梅（2005），《主題式小書製作融入生活課程教學之行動研究》，臺中師範學院自然科學教育學系碩士班碩士論文，未出版，臺中。

李秀蕙（2007），《以環境資源融入萬來國小生態及鄉土教學之研究》，大葉大學環境工程學系碩士在職專班碩士論文，未出版，彰化。

李恆惠（2004），《由說話引導寫作之教學研究》，花蓮師範學院語文科教學碩士班碩士論文，未出版，花蓮。

李崑山（2005），《築一個戶外教學的夢：國小戶外教學的理念與實務》，臺北：創意教學。

李莉莉（2001），《綠島觀光衝擊之探討》，東華大學觀光暨遊憩管理研究所碩士論文，未出版，花蓮。

余美慧（2006），《太魯閣族小學文化課程發展之教育民族誌》，花蓮師範學院多元文化研究所碩士論文，未出版，花蓮。

吳振乾等（1998），《乘風破浪看琉球。牽咱子孫看阿猴——屏東縣文化資產叢書114》，屏東：屏東縣立文化中心。

吳密察（1988），《漫畫臺灣史——荷蘭時代》，臺北：月旦。

卓世宏（1997），《國民中學一年級學生的鄉土知覺與鄉土認同——以臺東縣為例》，臺東師範學院國民教育研究所碩士班碩士論文，未出版，臺東。

金門縣政府（1997），《金門縣綜合發展計畫》，金門：金門縣政府。

金門縣政府（2009），〈全球資訊網〉，網址：http://www.kinmen.gov.tw/
　　Layout/main_ch/index.aspx?frame=17，點閱日期：2009.05.10。

林秀美（1994），《學校教育與文化傳承之探討：以烏來社區之教育
　　民族誌研究為例》，臺灣大學人類學研究所碩士論文，未出版，
　　臺北。

林佳筠（2006），《綠島觀光之環境負荷、觀光衝擊分析》，臺北護
　　理學院旅遊健康研究所碩士論文，未出版，臺北。

林長興（1997），《澎湖鄉土教材：澎湖地理》，馬公：澎湖縣政府。

林姿君（1999），《同儕互動中閱讀策略使用歷程之探討——以國小
　　四年級國語科小組討論為例》，臺北市立師範學院國民教育研究
　　所博士論文，未出版，臺北。

林清山（1976），《心理與教育統計學》，臺北：東華。

林登榮（2005），《綠島生態資源解說手冊》，綠島：綠島鄉公所。

林登榮（2007），《綠島文化導覽地圖》，臺東：臺東縣文化局。

林筱梅（2007），《國民小學海洋教育能力指標建構之研究》，臺灣
　　海洋大學教育研究所碩士論文，未出版，基隆。

林澤田等（2006），《海上明珠——琉球鄉誌》，屏東：琉球鄉公所。

林麗寬（2002），《金門王爺民間信仰傳說之研究》，中國文化大學
　　中國文學研究所碩士在職專班碩士論文，未出版，臺北。

周慶華（2001），《作文指導》，臺北：五南。

周慶華（2004），《語文研究法》，臺北：洪葉。

周慶華（2007），《語文教學方法》，臺北：里仁。

胡安慶（1995），《影響國小教師利用學童農園從事戶外教學活動意
　　願之因素研究：以彰化地區辦理過校外教學國小為例》，中興大
　　學農業推廣教育研究所碩士班碩士論文，未出版，臺中。

姚誠（2000），〈在鄉土發現歷史——論鄉土意識與歷史意義〉，《課
　　程與教學季刊》，3，3。

韋志成（2002），《作文教學論》，南寧：廣西教育。

姜柷山（2004），《臺灣蘭嶼研究書目》，臺東：臺東縣政府。

馬祖文史工作協會（1997），《連江縣封火山牆烽火情專輯》，連江：
　　連江縣政府。

屏東縣琉球鄉公所（2008 a），《琉球鄉討海子民信仰暨王船祭研究》，
　　琉球鄉公所藏書，未出版，屏東。

屏東縣琉球鄉公所（2008ｂ），《琉球嶼尋根之路──移懇探究》，琉球鄉公所藏書，未出版，屏東。

翁志航（2005），《風景區資源在國小鄉土教學上之應用──以臺東縣三仙臺為例》，屏東科技大學熱帶農業暨國際合作研究所碩士班碩士論文，未出版，屏東。

徐秀玉（2003），《小琉球王船信仰研究》，臺東大學教育研究所社會科教學碩士班論文，未出版，臺東。

徐偉民（2003），《一位國小教師教學實踐的歷程：以批判民族誌為方法的教學革新》，高雄師範大學教育學博士班博士論文，未出版，高雄。

徐瓊信（2008），《澎湖群島發展島嶼生態觀光之潛力與效益評析》，臺灣海洋大學環境生物與漁業科學研究所碩士論文，未出版，基隆。

耿耘（1998），《高中生高考作文》，西安：未來。

高雅雪（1999），《族群認同與生命的交織──四位原住民青年族群認同之生命經驗與民族誌電影》，花蓮師範學院多元文化研究所碩士論文，未出版，花蓮。

夏黎民（1995），〈鄉土的範圍、內容與教育意涵〉《鄉土教育》。臺北：漢文書店。

商累仁（2007），《澎湖離島「替代觀光」發展之研究—吉貝與望安的個案》，世新大學觀光學系碩士學位論文，未出版，臺北。

莊凱如（2003），《國中國文科說話教學研究》，臺灣師範大學國文系在職進修碩士學位班碩士論文，未出版，臺北。

陳仁和（2006a），《澎湖海洋文化教學示例：兒童手冊》，澎湖縣：澎湖縣西嶼鄉池東國民小學。

陳仁和（2006b），《澎湖海洋文化教學示例：教師手冊》，澎湖縣：澎湖縣西嶼鄉池東國民小學。

陳正治（2008），《修辭學》，臺北：五南。

陳玉玲、王明傑編譯（1998），《美國心理協會出版手冊》，臺北：雙葉。

陳伊帆（2008），《從政策網絡觀點探討澎湖花火節之執行成效》，南華大學公共行政與政策研究所碩士班碩士論文，未出版，嘉義。

陳思倫等（1995），《觀光學概論》，臺北：國立空中大學。

陳秋瑤（1994），《作文新題型之教學研究》，高雄師範大學國文教學碩士班碩士論文，未出版，高雄。

陳福裕（2002），《國中鄉土教育課程發展之行動研究——以一所國民中學為例》。中正大學教育研究所碩士班碩士論文，未出版，嘉義。

陳滿銘（2007），《新式寫作教學導論》，臺北：萬卷樓。

陳寶自（1999），《連江縣馬祖文化休閒導覽手冊》，馬祖：連江縣社會教育館。

康原（1994），〈文學作品的地方特色與精神傳承〉，《鄉土與文學——臺灣地區區域文學會議實錄》，293～294，臺北：文訊雜誌社。

康軒（2008），《國語》，臺北：康軒。

陸正威（2008），《海洋教育課程方案設計及期實施成效之研究》，高雄師範大學教育研究學系博士班博士論文，未出版，高雄。

張新仁（1992），《寫作教學研究》，高雄：復文。

張雅琪（2000），《日本流行文化認同程度與日文廣告效果關係之探討》。東華大學企業管理研究所碩士論文，未出版，花蓮。

張黎慧（2008），《金門觀光發展的越界凝視》，臺灣大學建築與城鄉研究所博士班博士論文，未出版，臺北。

連江縣政府（1984），《吾愛馬祖：連江縣各級學校鄉土教材》，連江：連江縣政府。

連江縣政府（2002），〈歡迎光臨連江縣政府網站〉，網址：http://w3.matsu.gov.tw/，點閱日期：2009.05.08。

曹永和等（1995），〈小琉球原住民的消失〉，《平埔研究論文集》，臺北：中央研究院臺灣史研究所籌備處。

琉球鄉公所(2009)，〈小琉球旅遊資訊網〉，網址：http://www.liuchiu.gov.tw/main-g-a-2.htm，點閱日期：2009.05.10。

教育部（1993），《國民小學課程標準》，臺北：教育部。

教育部（2001），《九年一貫課程暫行綱要》，臺北：教育部。

教育部（2003），《國民中小學九年一貫課程綱要：社會學習領域》，臺北：教育部。

教育部（2009），《重編國語辭典修訂本》，網址：http://dict.revised.moe.edu.tw/index.html 點閱日期：2009.07.16。

教育部教育研究委員會（2007），《海洋教育政策白皮書》，臺北：
　　教育部。
郭品妤（2004），《地方文化產業行銷機制之研究——以消費者心理
　　向度探討》，朝陽科技大學建築及都市設計研究所碩士論文，未
　　出版，臺中。
郭朝暉（2007），《文化金門全記錄》，金門：金門文化局。
郭崇嶽（2001），《澎湖鄉土文學教學研究》，高雄師範大學國文系
　　碩士班碩士論文，未出版，高雄。
許維民（2006），《走尋金門囝仔的夢：金門縣九十四年度鄉土教育
　　手冊》，金門：金門縣政府。
許寬容（2007），《蘭嶼的觀光現象與地方建構》，東華大學觀光暨
　　遊憩管理研究所碩士論文，未出版，花蓮。
曾泰元(2006)，〈火星文的英文怎麼說？〉，網址：http://tati.org.tw/?p=9，
　　點閱日期：2009.07.15。
單文經（2001），〈解析 Beane 對課程統整理論與實際的主張〉，《教
　　育研究集刊》，47，57-89。
黃玉冠（1994），《鄉土教材發展與實施之分析研究——以宜蘭縣為
　　例》。臺灣師範大學教育研究所碩士論文，未出版，臺北。
黃正德（2001），《蘭嶼生態人文之旅》，臺東：臺東縣政府。
黃服賜（2000），〈鄉土習產保育基本概念架構之建立〉，《地理學
　　報》，20，28。
黃政傑（1994），〈鄉土教育的課程設計〉，《師友月刊》，324，9-12。
黃昭蓉（2006），《太魯閣族學童學習型態之民族誌研究》，花蓮師
　　範學院多元文化研究所碩士論文，未出版，花蓮。
黃武鎮等（1990），《國民中學一年級地理科改編本教科用書教材內
　　容適切性之調查研究》，臺灣：臺灣省中等教師研習會。
黃俊傑（2000），《臺灣意識與臺灣文化》，臺北：正中。
黃鼎松（1994），〈鄉土教育的時代意義〉，《師友月刊》，324，6-8。
黃慶祥（2006），《琉球行吟》，屏東：屏東縣文化局。
湯谷明（2004），《聽看媽祖》，臺北：野人。
楊玉梅（2006），《國民中小學推展海洋教育之內涵與其網際網路
　　資源之分析》，臺灣海洋大學教育研究所碩士論文，未出版，
　　基隆。

楊淑敏（2005），《臺南縣店仔口文教協會推動成人鄉土解說人員培訓之個案研究》，中正大學成人及繼續教育所碩士班碩士論文，未出版，嘉義。

楊勝任等（2005），《小琉球植物資源解說手冊》，東港：交通部觀光局大鵬灣國家風景區管理處。

楊靜櫻等（2005），《小琉球動物資源解說手冊》，東港：交通部觀光局大鵬灣國家風景區管理處。

葉珆伶（2001），《尋找臺灣的另一半版圖：評海洋教育的可能性》，東華大學教育研究所碩士論文，未出版，花蓮。

管琪芳（2008），《以地方觀點研擬金門縣永續發展指標》，高雄師範大學環境教育研究所碩士論文，未出版，高雄。

趙仁方（2003），《綠島生態人文之旅》，臺東：臺東縣政府。

熊湘屏（2001），《屏東縣國小教師實施戶外鄉土教學活動之調查研究》，屏東師範學院國民教育研究所碩士班碩士論文，未出版，屏東。

綠島鄉公所（2009），〈綠島資訊服務網〉，網址：http://green.taitung.gov.tw/，點閱日期：2009.05.03。

臺灣吓仔店（2007），〈情定小琉球〉，網址：http://www.taiwan123.com.tw/musicdata/search_d.asp?id=4413，點閱日期：2009.03.19。

劉克竑（1993），〈小琉球嶼史前遺址調查報告〉，《田野考古》，4（2），59-76。

歐用生（1994），《課程發展的基本原理》，高雄：復文。

歐用生（1995），《鄉土教育的理念與設計》，臺北：漢文書店。

歐用生（1999），〈從課程統整的概念評九年一貫課程〉，《教育研究集刊》，7（1），22-32。

歐德孝（2007），《小小閩南語解說員訓練課程之研究：以澎湖縣竹灣國小為例》，臺南大學教育學系課程與教育碩士班碩士論文，未出版，臺南。

蔣建文（1995），《從作文原則談作文方法實用修辭學》，臺北：臺灣商務。

蔡相輝（1984），《明清政權更迭與臺灣民間信仰關係之研究——清初臺灣政治與王爺、媽祖信仰之關係》，中國文化大學史學研究所博士論文，未出版，臺北。

蔡雅泰（1994），《國小三年級創造性作文教學實施歷程與結果之研究》，屏東師範學院初等教育碩士班碩士論文，未出版，屏東。

黎運漢等編著（1991），《現代漢語修辭學》，臺北：書林。

澎湖縣政府（2009），〈澎湖縣政府全球資訊網〉，網址：http://www.penghu.gov.tw/，點閱日期：2009.04.30。

賴義夫（1989），〈鄉土教材在課程上有其特殊地位〉，《蘭陽文教》，19，10-11。

賴傳湘（2005），《馬祖四維村聚落發展與休閒產業的策略研究》，銘傳大學公共事務學系碩士在職專班碩士論文，未出版，臺北。

賴慶雄（2007），《作文新題型（增訂板）》，臺北：螢火蟲。

鍾溫清等（2000），《觀光資源規畫與管理》，臺北：國立空中大學。

謝常彰（1996），〈作文的命題與批閱〉，《中國語文》，464，66-67。

謝翠玉編（2008），《屏東縣鄉土 DNA——人文歷史、休閒景觀》，臺北：國家文化總會。

簡佩芸（2005），《綠島發展生態旅遊之研究》，臺灣海洋大學環境生物與漁業科學學系碩士在職專班碩士論文，未出版，基隆。

簡麗華（2003），《海‧天‧蘭嶼：達悟飛魚，雙獅龍頭喧天》，臺北：泛亞國際。

關曉榮（2007），《蘭嶼報告 1987-2007》，臺北：人間。

蘭嶼鄉公所（2009），〈蘭嶼鄉公所旅遊資訊網〉，網址：http://lanyu.taitung.gov.tw/，點閱日期：2009.04.28。

國家圖書館出版品預行編目

小琉球的風土人文與語文教學 / 蔡秀芳著. -- 一版.
-- 臺北市：秀威資訊科技, 2010.08
　　面；　公分. -- (社會科學類　AF0144)
(東大學術；22)
BOD 版
參考書目：面
ISBN 978-986-221-535-7 (平裝)

1.鄉土教學　2.語文教學　3.屏東縣琉球鄉

528.6　　　　　　　　　　　　　　99012299

社會科學類　AF0144

東大學術㉒
小琉球的風土人文與語文教學

作　　者 / 蔡秀芳
發 行 人 / 宋政坤
執行編輯 / 林泰宏
圖文排版 / 陳宛鈴
封面設計 / 陳佩蓉
數位轉譯 / 徐真玉　沈裕閔
圖書銷售 / 林怡君
法律顧問 / 毛國樑　律師
出版印製 / 秀威資訊科技股份有限公司
　　　　　　台北市內湖區瑞光路 583 巷 25 號 1 樓
　　　　　　電話：02-2657-9211　　傳真：02-2657-9106
　　　　　　E-mail：service@showwe.com.tw
經 銷 商 / 紅螞蟻圖書有限公司
　　　　　　台北市內湖區舊宗路二段 121 巷 28、32 號 4 樓
　　　　　　電話：02-2795-3656　　傳真：02-2795-4100
　　　　　　http://www.e-redant.com

2010 年 8 月 BOD 一版
定價：300 元

讀　者　回　函　卡

感謝您購買本書，為提升服務品質，煩請填寫以下問卷，收到您的寶貴意見後，我們會仔細收藏記錄並回贈紀念品，謝謝！

1. 您購買的書名：_____

2. 您從何得知本書的消息？

　　□網路書店　□部落格　□資料庫搜尋　□書訊　□電子報　□書店

　　□平面媒體　□ 朋友推薦　□網站推薦　□其他_____

3. 您對本書的評價：(請填代號　1.非常滿意 2.滿意 3.尚可 4.再改進)

　　封面設計____　版面編排____　內容____　文/譯筆____　價格____

4. 讀完書後您覺得：

　　□很有收獲　□有收獲　□收獲不多　□沒收獲

5. 您會推薦木書給朋友嗎？

　　□會　□不會，為什麼？_____

6. 其他寶貴的意見：_____

_____

_____

_____

讀者基本資料

姓名：_____ 年齡：_____ 性別：□女 □男

聯絡電話：_____ E-mail：_____

地址：_____

學歷：□高中(含)以下　　□高中　　□專科學校　　□大學

　　　□研究所(含)以上 □其他_____

職業：□製造業 □金融業 □資訊業 □軍警 □傳播業 □自由業

　　　□服務業 □公務員 □教職　□學生 □其他_____

To：114

台北市內湖區瑞光路 583 巷 25 號 1 樓

秀威資訊科技股份有限公司　　　收

寄件人姓名：

寄件人地址：□□□

(請沿線對摺寄回,謝謝!)

秀威與 BOD

BOD（Books On Demand）是數位出版的大趨勢，秀威資訊率先運用 POD 數位印刷設備來生產書籍，並提供作者全程數位出版服務，致使書籍產銷零庫存，知識傳承不絕版，目前已開闢以下書系：

一、BOD 學術著作—專業論述的閱讀延伸
二、BOD 個人著作—分享生命的心路歷程
三、BOD 旅遊著作—個人深度旅遊文學創作
四、BOD 大陸學者—大陸專業學者學術出版
五、POD 獨家經銷—數位產製的代發行書籍

BOD 秀威網路書店：www.showwe.com.tw
政府出版品網路書店：www.govbooks.com.tw

永不絕版的故事・自己寫・永不休止的音符・自己唱